RICKY MARTIN

EU

Tradução
Maria Fernanda Lapa Cavallari
Pedro Barros

Planeta

Edição publicada de acordo com Celebra, um membro do Grupo Penguin (USA) Inc.
Título original: *Me*

Revisão: Tulio Kawata
Diagramação: Triall
Capa: adaptada do projeto gráfico original de Anthony Ramondo
Foto de capa: Omar Cruz

Dados Internacionais de Catalogação na Publicação (CIP)
(Câmara Brasileira do Livro, SP, Brasil)

Martin, Ricky
Eu / Ricky Martin; tradução Maria Fernanda Lapa Cavallari, Pedro Barros. – São Paulo: Editora Planeta do Brasil, 2010.

Título original: Me.
ISBN 978-85-7665-563-3

1. Cantores - Biografia 2. Martin, Ricky I. Título.

10-10605 CDD-782.42164092

Índice para catálogo sistemático:
1. Cantores: Música popular: Biografia
782.42164092

2010
Todos os direitos desta edição reservados à
Editora Planeta do Brasil Ltda.
Avenida Francisco Matarazzo, 1500 – 3º andar – conj. 32B
Edifício New York
05001-100 – São Paulo – SP
www.editoraplaneta.com.br
vendas@editoraplaneta.com.br

Dedicado a Matteo e Valentino Martin

Minha luz, meu foco, minha força, meus pequenos mestres,
que, com um simples olhar, apenas, sabem como me dizer:
"Não se preocupe, papai. Está tudo bem".

SUMÁRIO

EU

INTRODUÇÃO

Deus, ajudai-me a dizer a verdade para o forte e a esquivar-me de contar mentiras para ganhar o aplauso do fraco. Se me derdes fortuna, não me tireis a razão. Se me derdes sucesso, não me tireis a humildade. Se me derdes humildade, não me tireis a dignidade. Deus, ajudai-me a ver o outro lado da moeda. Não me deixeis acusar outros de traição só porque não pensam como eu. Deus, ensinai-me a amar as pessoas como amo a mim mesmo e a julgar a mim mesmo como julgo os outros. Por favor, não me deixeis ser orgulhoso se for bem-sucedido, ou cair em desespero se fracassar. Recordai-me de que o fracasso é a experiência que precede o triunfo. Ensinai-me que perdoar é o mais importante no forte e que vingança é o sinal mais primitivo do fraco. Se me tirardes meu sucesso, deixai-me manter minha força para conseguir sucesso a partir do fracasso. Se eu falhar com as pessoas, dai-me coragem para me desculpar, e se as pessoas falharem comigo, dai-me coragem para perdoá-las. Deus, se eu me esquecer de vós, por favor, não vos esqueçais de mim.

— Mahatma Gandhi

AS PALAVRAS DE GANDHI ME TOCAM O CORAÇÃO.

Em algum ponto das nossas vidas, todos acabamos chegando a um momento em que somos, de alguma forma, compelidos a olhar para trás e refletir de forma consciente sobre a vida que levamos. Sentimos a necessidade de compreender de onde viemos, porque desejamos ver com mais clareza para onde estamos indo e para onde, de fato, queremos ir; buscamos uma forma de equilibrar aquilo que vivemos e aquilo por que ainda nos falta passar, com o desejo, talvez, de encontrar um propósito mais significativo para a nossa existência. Algumas pessoas decidem fazer isso quando já estão mais velhas, mais perto do fim de suas vidas, mas para mim esse momento é agora. Sinto hoje a necessidade de olhar para trás e observar o caminho que me levou até onde eu estou, para que o futuro a minha frente possa ser o mais luminoso e verdadeiro possível.

Nasci Enrique Martin Morales, mas a maioria das pessoas me conhece como Ricky Martin: músico, cantor, compositor, filantropo, e alguns também devem saber que sou ator. Sou todas essas coisas; mas também sou muito mais. As pessoas mais próximas me conhecem como Kiki (um apelido que vem de Enrique), e, além de artista, sou também filho, irmão e amigo – e, mais recentemente, pai. Por muito tempo tentei manter essas partes da minha vida completamente separadas: quando estou no palco ou na frente das câmeras, sou Ricky; mas na vida privada sou Kiki, um homem que enfrenta a cada dia os desafios da vida, como todo mundo. Embora a maioria das pessoas que vão ler este livro tenha uma percepção clara de quem eu sou como artista, há uma parte fundamental de mim que muito poucos realmente conhecem.

Hoje, depois de tudo que vivi e das muitas experiências por que passei, percebo que não é justo separar o Kiki do Ricky. Eles são um só e o mesmo. Demorei algum tempo para compreender isso, e apesar de, antes, acreditar que a melhor coisa seria esconder a minha vida pessoal e a essência de quem sou, agora tenho plena convicção de que a minha verdadeira felicidade é viver a minha vida livremente, sem medos ou falsos pretextos. Foi um processo gradual. Não sei dizer exatamente quando me dei conta disso, mas sei que cheguei ao ponto em que não podia mais viver sem enfrentar a minha verdade. É por isso que finalmente resolvi acabar com o segredo que guardei por tantos anos: decidi contar para o mundo que aceito a minha homossexualidade e celebro esse dom que a vida me deu.

Agora me sinto forte. Livre. Mais livre do que nunca.

Muita gente provavelmente acredita que minha vida pode ser dividida em dois períodos: antes e depois de "Livin' la vida loca". Ou talvez alguns achem que minha vida está dividida entre antes e depois da minha revelação, e a verdade é que isso é muito compreensível, porque até agora foi mais ou menos isso o que eu de fato compartilhei sobre mim mesmo. E, embora não vá negar o fato de que "Livin' la vida loca" foi um momento crucial na minha vida, posso garantir que há outros igualmente importantes para mim. Há também o antes e depois do Menudo, o antes e depois da minha primeira viagem para a Índia, e o antes e depois de me tornar pai... Todas foram experiências únicas que tiveram um impacto profundo sobre mim e alteraram a forma como navego pela vida. E espero que muitos momentos como esses ainda estejam por vir, sei que estão.

Como todo mundo, precisei percorrer meu próprio caminho espiritual e passar por minhas experiências – as boas e as ruins, o amor e a falta de amor, a sensação de me sentir perdido e depois de me encontrar – para chegar aonde estou hoje. Antes de poder responder as perguntas que constantemente me eram feitas, precisei encarar a mim mesmo. É claro, alguns podem dizer que eu deveria ter feito isso há muitos anos, mas, na parte mais profunda do meu ser, estou certo de que o momento é agora, porque é como estava destinado a ser. Somente agora estou pronto, e somente agora posso fazê-lo – nem um dia antes, nem um dia depois.

O processo de escrever essas memórias não foi fácil. Exigiu muito de mim – muito mais do que eu esperava. Precisei amarrar as pontas soltas sobre as quais nunca tinha refletido antes, ir a fundo em lembranças que já estavam apagadas na minha cabeça e encontrar respostas para perguntas muito difíceis: mas, acima de tudo... acima de tudo, finalmente precisei me aceitar. Precisei me despir total e completamente, para me ver exatamente como sou. Descobri coisas de que gostei – outras, nem tanto. E foram justamente as coisas de que não gostei muito que resolvi consertar desde o momento em que tomei consciência delas. Eu nunca teria imaginado que escrever este livro me levaria aonde levou; no entanto, hoje sei que sou um homem melhor – e um homem mais feliz – por causa do que aprendi sobre mim ao longo do processo.

Eu queria dizer muito nestas páginas, mas queria fazê-lo com humildade e dignidade, concentrando-me nas experiências que ajudaram a fazer de mim o que sou. Mais do que uma autobiografia, este livro é um testemunho das minhas crenças espirituais, um relato sobre os passos que dei para chegar ao estado de felicidade e completude em que agora me encontro. Vou falar sobre muitos assuntos pessoais que nunca discuti em público antes, mas também não é minha intenção compartilhar todos os detalhes. Acredito que todos temos direito a um certo grau de privacidade; algumas coisas guardo para mim porque são só minhas e quero que continuem assim. O que eu gostaria de fazer é explorar os diferentes caminhos e experiências que me levaram a ser a pessoa que sou hoje.

Eu sei como é ser amado e sei como é amar alguém – de forma total e absoluta, com intensidade e sem julgamentos prévios. Também sei como é ser julgado pelo que sou e pelo que não sou. Se eu não tivesse passado por isso tudo, talvez não fosse capaz de chegar ao momento em que finalmente compreendi que o caminho escolhido era o certo, já que ele fez de mim a pessoa que sou hoje. E não importa como eu olhe para ele; a pessoa que sou hoje, essa pessoa que criei com tanto esforço e dedicação, é, depois dos meus filhos, a minha obra mais preciosa. Estou certo de que ainda há muitos passos a dar, muito mais coisas por que passar, e muitos capítulos a serem escritos. Agora, porém, só quero abrir o meu coração para vocês e dividir a minha história e este momento da minha vida com o mundo.

Durante esse período aprendi que é inútil rotular as coisas como boas ou ruins. A chave é ver tudo como uma lição. Bom e ruim são igualmente partes de um todo, e precisamos abarcar esse todo para alcançar a existência que almejamos. Avançamos por certos caminhos em que as oportunidades vêm ao nosso encontro, e cada passo não só nos leva para mais perto de onde queremos chegar, mas também tem um motivo para ser. A vida nos dá experiências, e cada decisão que tomamos determina onde vamos estar mais tarde.

Do dia em que nascemos até o dia em que morremos, progredimos por um caminho de aprendizado, no qual cada decisão que tomamos ou deixamos de tomar se torna parte de nosso crescimento pessoal. Existe esse reino cármico no qual é preciso passar pelos desafios que a vida apresenta para se liberar do que está segurando você, impedindo que você alcance a divindade. Todos progredimos ao longo de um caminho espiritual que nos oferece oportunidades para aprender – e até a tragédia tem o seu significado. Quando somos estudantes, precisamos estudar a matéria até sabê-la de cor, e, se não soubermos, não nos formamos. Da mesma forma, a vida nos apresenta uma experiência atrás da outra, e através de cada ação, decisão e seleção estamos determinando onde vamos acabar. E, exatamente como na escola, quem prestar mais atenção vai avançar mais rapidamente.

Alguém uma vez me perguntou se eu achava que as minhas conquistas sempre estiveram no meu destino. A resposta foi sim, e não. É verdade, acredito mesmo que muito do que aconteceu comigo me ajudou a determinar o meu destino, mas não há dúvida de que cheguei aonde estou, e conquistei o que conquistei, porque dei duro para conseguir. Se há uma verdade neste mundo é que o destino precisa de uma mãozinha. Se eu não tivesse feito a minha parte, nunca teria chegado aonde estou agora. Em nenhum momento eu me sentei e esperei o destino bater à minha porta. Saí e procurei por ele, e fui bater à sua porta. Acho que as pessoas que ficam sentadas esperando que o destino caia no colo delas provavelmente vão ficar velhas esperando.

Trabalhei intensamente para chegar a este ponto, e por isso sei que não foi uma coincidência ou um simples ato do acaso. É verdade que tive muita sorte – ou muito do que chamamos de sorte. Mas a verdade é que todo mundo cria a sua própria sorte e o seu próprio destino. Quando a vida coloca diante de você um rio, não se pode contar com a sorte para fornecer um barco; é preciso mergulhar na água e nadar. Braçada a braçada, você precisa chegar ao outro lado. Você precisa criar o curso do seu destino e não deixar o acaso determinar a direção. Acredito totalmente que a sorte vem para os que dão duro para encontrá-la.

A vida é uma jornada, e cada passo que damos nos leva a alguma direção. Quando estamos prontos e dispostos, aprendemos, avançamos e crescemos. Porém, é muito fácil – e muito comum – não dar o primeiro passo e ficar onde estamos, porque, afinal, o que é conhecido normalmente é mais cômodo. Acho que, durante uma grande parte da minha vida, eu estava tão acomodado que não senti a necessidade de olhar para dentro, até mesmo para fazer-me umas perguntas básicas e muito menos para achar as respostas. Eu me sentia mal. Sabia que havia uma coisa essencialmente errada por dentro, mas, em vez de tentar me livrar desses sentimentos contraditórios que estavam me incomodando, simplesmente os enterrei na esperança de que desaparecessem para sempre. Eu estava com medo e muito mais preocupado em ser aceito e amado do que em cultivar o meu crescimento pessoal.

O longo caminho até finalmente ficar cara a cara comigo mesmo não foi fácil. E, apesar de ter crescido e aprendido muito, esta é uma estrada que continuo a trilhar todos os dias da minha vida. Precisei de muitos anos de silêncio e reflexão para compreender o que carrego realmente em meu coração. Antes de poder contar a minha verdade para o mundo, precisei chegar ao momento em que encontraria a aceitação interior e a tranquilidade.

A vida dá muitas voltas, mas hoje tenho certeza absoluta de que tudo acontece por algum motivo. Às vezes é difícil perceber quando se está passando por isso, mas, com base na minha própria vida, posso dizer que tudo acontece porque é assim que deve ser. As lições da vida são como uma série de portas fechadas: uma vez obtida a revelação e aprendida a lição que importa, uma porta se fecha e outra se abre, e a jornada continua. Cada fase da minha vida trouxe consigo coisas importantes e preciosas; não importa o quanto tenha me custado ou o quanto tenha sido difícil. As minhas experiências com o Menudo, por exemplo, forneceram-me uma ética de trabalho e um sentido de disciplina que talvez naquele tempo eu não tenha percebido que seriam tão importantes no meu futuro. Mais tarde, depois que o caos de "Livin' la vida loca" se acalmou, eu finalmente havia aprendido a importância de saber o momento de dizer não. Quando fui para a Índia, aprendi o que significa voltar o meu olhar para dentro e conhecer a mim mesmo. Somente depois de me tornar pai (como todos os pais antes de mim), é que aprendi o verdadeiro significado de amor incondicional. E quando finalmente achei a coragem para revelar a minha verdade para o mundo, não só compreendi o significado de viver sem medo, mas também compreendi que o medo está em nossa mente.

Conforme fui escrevendo este livro, passei por muitos momentos em que me senti completamente vulnerável. Ao mesmo tempo, porém, houve outros momentos em que me senti animado, livre e feliz por, afinal, deixar o passado para trás. Foi um processo intenso de catarse que me ajudou a curar as minhas feridas e compreender muitas coisas que talvez não fizessem muito sentido antes. Agora vejo as coisas com mais clareza, e por isso sou grato.

Agora estou completo.

Agora estou pronto para me dar exatamente como sou – para o meu público, minha família, meus amigos e em meus relacionamentos. Quero que meus filhos possam um dia ler este livro e compreender a jornada espiritual pela qual precisei passar para ser capaz de aceitar a alegria de ser o pai deles. Quero abrir o meu coração para eles de forma total e absoluta, para que no futuro nunca tenham medo de fazer o mesmo.

Escrevi este livro com o coração à mostra. No entanto, antes de continuar, quero deixar claro que, só porque resolvi falar sobre a minha vida, isso não quer dizer que vou falar sobre a vida de outros. Todo mundo tem direito a privacidade e discrição, por isso resolvi proteger os nomes verdadeiros e características de algumas pessoas. Apesar de algumas pessoas terem participado da minha vida pública e talvez sejam facilmente reconhecíveis, não vou envolvê-las numa história que não é a delas. Assim como em tantas ocasiões pedi o meu direito à privacidade, preciso respeitar o direito dos outros à deles. Esta é a minha vida, minha trajetória pessoal, e decidi contá-la porque hoje estou pronto para fazer isso. Porém, não tenho a intenção de deixar a minha decisão afetar mais ninguém.

Desde o momento em que cliquei ENVIAR para anunciar a minha verdade para o mundo, a chuva de amor que recebi foi surpreendente, quase inacreditável. Isso me mostrou com clareza que o medo que eu sentia antes existia somente na minha cabeça – assim como todo o medo. A vida é muito mais bonita quando é vivida com os braços abertos, baixando a guarda, sem ansiedades ou segredos. Hoje, mais do que nunca, sei que este é o meu momento e que, exatamente como o mestre Gandhi diz, tenho a força para viver uma vida cheia de amor, paz e verdade.

UM

TORNANDO-ME HOMEM

PARA MIM, É FASCINANTE SENTAR E OLHAR PARA TRÁS, PARA A estrada que percorri até chegar aonde estou agora – não só na minha carreira, mas também na minha vida pessoal. O que às vezes me parecia incompreensível ou excessivamente difícil, hoje entendo como algo que tinha de acontecer. Todas as minhas experiências me prepararam para o que estava – e ainda está – pela frente. No início, captar o conceito foi difícil para mim, mas, uma vez capaz de internalizá-lo, cheguei a um ponto em que poderia viver uma vida mais completa e satisfatória, porque estou disposto a aceitar que as coisas boas, as ruins e as não tão legais são parte de um todo. Esse sentimento me libertou de muitas maneiras e me deu a força para enfrentar tudo o que aparece pelo meu caminho. É extraordinário pensar que, sem saber, desde muito cedo, eu já estava construindo a minha identidade, a minha própria história.

COMEÇANDO

TUDO COMEÇOU COM uma colher.

Qualquer pessoa da minha família vai dizer que a música entrou na minha vida muito cedo. O lado da família de minha mãe sempre teve inclinação musical. Nas tardes de domingo, nós nos reuníamos na casa dos meus avós e, mais cedo ou mais tarde, alguém pegava um violão e começava a cantar. Meu avô, por exemplo, era poeta, e dos bons. Os improvisos rimados dele eram românticos e estilizados, de uma forma que nunca mais ouvi. Meu avô era um homem firme, muito conservador e totalmente dedicado à família. Como a maioria dos homens da sua geração, era bem machista, mas, se há uma coisa que ele ensinou a todos nós, homens que levam o seu nome, foi a importância de mostrar respeito por uma mulher, a beleza de admirá-la, cuidar dela, protegê-la. Ele sempre nos dizia: "Uma mulher deve ser tratada com a sutil delicadeza que você dedicaria a uma pétala de rosa". Ele era obviamente um romântico incurável, uma característica que eu, sem dúvida, herdei.

Desde os seis anos, eu pegava uma colher de pau e a usava como microfone para cantar. Passava horas com a colher na mão, interpretando minhas músicas favoritas – músicas do Menudo, ou de bandas de rock americanas, como REO Speedwagon, Journey, além do Led Zeppelin, que era o que os meus irmãos mais velhos ouviam na época. Eu me lembro de muitas vezes estarmos na casa dos meus avós e, enquanto todo mundo estava sentado no terraço tomando ar fresco e contando histórias, eu colocava alguma música para tocar, pegava o meu "microfone" e começava a cantar.

Não tenho nenhuma dúvida de que naquele tempo ninguém imaginava que eu acabaria me tornando um artista profissional (apesar de um tio sempre dizer: "Quando você ficar famoso me chame que eu vou carregar as suas malas". Ao que eu respondia muito sério: "É claro!". Nem preciso dizer que ele não cumpriu a parte dele no trato...). Tenho certeza de que eles gostavam de me ver cantar e dançar pela casa, mas sei que nunca ocorreu a nenhum de nós que um dia eu faria exatamente aquilo diante de centenas de milhares de pessoas.

Por mais surpreendente que possa parecer, a verdade é que, desde menino, eu sempre soube que subiria ao palco. Não posso dizer que foi uma decisão consciente ou que um dia acordei e disse: "Quero ser artista". No entanto, posso dizer que aos poucos comecei a perceber o que realmente gostava de fazer e, simplesmente, tentei fazê-lo o máximo de vezes possível. Sei que algumas pessoas levam anos para descobrir o que querem fazer com suas vidas, encontrar algo que as motive de forma genuína, e sei que isso pode ser um processo difícil. Para mim, foi muito instintivo.

Apesar de que, no começo, tudo o que fazia era pegar uma colher e me apresentar para os meus avós, tios e tias, gostava muito daquilo. Foi uma coisa poderosa, porque o que começou como uma brincadeira se transformou em uma paixão. Aos poucos, comecei a ver que chamar a atenção das outras pessoas e ter todos aqueles olhos voltados para mim era emocionante. Adorava sentir que os estava entretendo, que eles estavam me ouvindo, e, quando era bastante aplaudido, ficava superemocionado. Até hoje, estar no palco continua a ser uma fonte de energia e inspiração para mim. Toda vez que me encontro diante da plateia, sejam vinte pessoas ou cem mil, sinto novamente a energia que me tomava naquelas reuniões de família da minha infância.

Não tenho muita certeza de onde vem a minha paixão pelo palco, mas de certa forma é uma sensação de que tenho de estar sob os holofotes; quero ser visto... A certa altura da minha infância, uma das minhas primas produzia peças – escritas por ela – e foi ali que tive as minhas primeiras experiências como ator. Minha prima não tinha mais do que uns oito ou nove anos, mas era incrivelmente brilhante para a idade dela. Aparentemente eu gostava daquilo, porque mais tarde, quando estava na escola, toda vez que se montava uma peça eu era o primeiro a me candidatar. Até virei coroinha, porque, para mim, ajudar o padre era como estar no palco, já que ele era em grande medida "a estrela" do show. Quando eu estava no palco me sentia completo e vivo, então era natural que quisesse encontrar aquela sensação toda vez que fosse possível.

Algumas vezes penso sobre o que teria acontecido se eu não escolhesse este caminho. É quase inevitável fazer essas perguntas, e é interessante pensar sobre o que teria acontecido com a vida de cada um de nós se não tivéssemos nos transformado na pessoa que somos hoje. O que eu seria se não tivesse me tornado artista? Que profissão teria escolhido? Psicólogo? Dentista? Advogado? Minha avó sempre desejou que eu fosse médico, mas, infelizmente, eu jamais poderia realizar esse sonho. Desde o momento em que percebi o que queria fazer, trabalhei incansavelmente para tornar realidade aquele sonho. Mas sempre me pergunto o que teria acontecido comigo se ouvisse o conselho da minha avó, ou se tomasse algum outro rumo. Por exemplo, quando tinha dezoito anos, fiz um teste para a Tisch School, da Universidade de Nova York, uma das escolas de arte dramática mais conceituadas do país. No entanto, alguns meses antes de as aulas começarem, fui para o México encontrar uns amigos, e lá aterrissei – não há realmente outra forma de ver isso, tamanha a coincidência – no teatro.

O que teria acontecido se eu tivesse ficado e ido para a Universidade de Nova York? Que direção minha vida teria tomado se eu tivesse encontrado o sucesso atuando, em vez de na música? Meu caminho teria, sem dúvida, sido diferente. Mas gosto de pensar que, independentemente da minha escolha, teria de um jeito ou de outro seguido um caminho que no fim me faria feliz e realizado. A verdade é que o que se faz não importa tanto; o que importa é amar o que se faz e fazer o melhor que a sua capacidade permitir.

A paixão é um aspecto vital da minha existência. Eu me considero um sonhador realista, e minha vida é cheia de emoções intensas. Vivo e sinto profundamente. Algumas pessoas podem achar errado viver a vida tão apaixonadamente, mas a verdade é que, desde que eu era muito pequeno, a paixão me impulsionou para a trajetória extraordinária que é a minha vida, então não vejo nenhum motivo para parar com isso. Se não tivesse seguido os meus instintos desde muito cedo, acho que nunca teria chegado aonde estou hoje. Para mim, parte da beleza da infância está no fato de ela ser uma época de extremos: quando estamos felizes, a felicidade é absoluta, e quando estamos tristes, a dor é devastadora. A vida nessa época é muito intensa, mas ao mesmo tempo é totalmente pura e genuína. Conforme crescemos, aprendemos como acalmar as emoções muito arrebatadoras, e apesar de em certa medida eu também ter precisado crescer, sempre me esforcei para continuar em contato com a minha criança interior – aquela criança apaixonada, enérgica e feliz que nunca tinha medo de nada.

ABUELA

MEUS PAIS SE separaram quando eu tinha dois anos. Nem preciso dizer que não me lembro de nada do que estava acontecendo na minha vida na época em que isso aconteceu, mas sei que comecei a passar muito tempo com meus avós, tanto do lado da minha mãe como do meu pai. Meus avós tiveram um papel fundamental na minha vida. Não sei se é cultural ou simplesmente espiritual, mas minha relação com eles sempre foi – e continua a ser – muito importante para mim. Nunca vou esquecer o que eles me ensinaram, e vou me empenhar para transmitir os ensinamentos deles aos meus filhos.

Minha avó paterna era uma mulher inteligente, independente e confiante, uma mulher muito à frente de seu tempo. Ela gostava de metafísica muito antes de ser moda. Também era uma artista; pintava e fazia esculturas. Lembro-me dela sempre ocupada, fazendo uma das milhares de coisas pelas quais se interessava. Ela não compreendia o conceito de "ficar parado" e sempre tinha algum tipo de projeto em andamento. Minha bisavó – a mãe dela – era professora, então minha avó praticamente foi criada em uma sala de aula, ouvindo as aulas da mãe. Acabou a escola com catorze anos, e até escreveu dois livros e se tornou uma professora sênior na Universidade de Porto Rico. É bom lembrar que estamos falando de uma época em que a sociedade ditava que a maioria das mulheres podia apenas aspirar ser mãe ou dona de casa. Ela era uma mulher surpreendente, tão corajosa, e uma visionária tal, que um dia resolveu fazer as malas e se mudar para Boston para estudar educação. Naquele tempo! Contudo, ela se mudou para Boston e morou lá até conseguir o diploma.

Recentemente, tive a oportunidade de jantar com Sonia Sotomayor, a primeira juíza latina da Suprema Corte dos Estados Unidos, e quando contei para ela as realizações da minha avó, ela ficou espantada. "Uma mulher latina estudando em Boston nos anos 1940? Sua avó deve ter sido uma mulher forte", disse. É claro que fiquei muito orgulhoso, porque ela estava certa: minha avó definitivamente foi uma senhora incrível.

Apesar de minha avó ter nascido em Porto Rico, a família era originária da Córsega. Nós, corsos, somos famosos pela teimosia, e minha avó não era exceção: era uma mulher forte que nunca teve medo de nada. Para mim, ela sempre foi um exemplo do que significa ser forte. Por exemplo, depois de cinquenta e tantos anos, percebeu que não mais se sentia realizada; então, um dia se levantou e disse para o meu avô: "Sabe de uma coisa? Eu quero o divórcio". Naquele tempo, as pessoas se casavam para o resto da vida, "até que a morte as separasse". Não era como hoje, que as pessoas se divorciam por qualquer motivo. Minha avó, porém, não se importava com o que os outros pensavam ou diziam. Por algum motivo, não estava feliz e resolveu tomar uma atitude. Assim, meus avós se divorciaram. Depois disso, meu avô a visitava todo dia, mas o novo acordo doméstico permaneceu, ela morava na casa dela, e ele, separado, na dele.

Minha avó morreu há mais de dez anos, depois de ter uma vida longa, plena, até ficar bem velha, e se há uma coisa pela qual sou grato, é por ela ter vivido o suficiente para ver o meu sucesso e fazer parte dele. Uma vez, ela até pegou um avião para me ver atuar na Broadway quando eu estava participando de *Les misérables*, em Nova York. E vou dizer, ela não era nada fã de aviões! Uma vez, disse-me que tinha pavor de avião desde o dia em que voltou para Porto Rico depois de concluir seus estudos em Boston. Ao que parece, houve algum tipo de tempestade elétrica durante o voo e o avião chacoalhou muito. Depois daquele dia, ela jurou que nunca mais entraria em um avião! E assim foi. Só viajava de navio; aquela viagem para Nova York foi a única exceção.

Fico triste quando penso que não pude passar mais tempo com ela nos últimos anos. Estava trabalhando muito, sempre indo e vindo, sempre correndo, nunca tinha tempo suficiente para fazer as coisas que realmente importam. Eu a via de vez em quando, de passagem, mas nunca mais tive a chance de passar dias ou semanas com ela, como fazia quando era pequeno. Eu me lembro de uma vez em que fui vê-la escoltado pela polícia. Quando cheguei à casa dela com a unidade de segurança, gritei: "Vó, vim te ver!".

"Filho!", ela disse. "Que maravilha!"

Eu, no entanto, logo precisei esclarecer: "Vim te ver, vó, mas não posso ficar muito tempo. Preciso ir embora logo". Como sempre, ela não me fez me sentir culpado por ter de ir embora. Simplesmente me agradeceu pela visita e me deu um abração.

"Tudo bem", ela disse, "foi ótimo ver você. Coma, você está muito magro."

Essa era minha avó.

Uma outra vez, em uma viagem a Porto Rico, pousei de helicóptero no campo de beisebol perto da casa dela só para vê-la. Foi o único jeito, porque eu não tinha tempo. Quando estava a caminho de um lado da ilha para outro para resolver um assunto profissional, de repente disse para o piloto: "Preciso ver minha avó. Pouse no campo de beisebol!".

E, assim, consegui passar de novo um momento com ela.

Não há nada como avós. Até hoje os ensinamentos dela me são úteis. Uma das lembranças mais agradáveis que tenho da minha avó é a de nós dois sentados lá, eu fazendo lição de casa e ela pintando ou trabalhando em algum dos seus projetos. Muitas vezes penso nas suas palavras sábias e nos seus conselhos e sinto que, de alguma maneira, eu a carrego dentro de mim. É uma bênção poder senti-la tão perto.

A única coisa que realmente lamento é o fato de ela não ter chegado a conhecer meus filhos. Há tantas coisas sobre minha avó que eu queria que eles soubessem, e por mais que eu lhes fale sobre ela, sinto que nunca vou poder explicar totalmente. Por exemplo, quando eu era mais novo, ela cantava uma linda canção de ninar para mim e para os meus primos. Muitas vezes fecho meus olhos e tento me lembrar, mas fico frustrado porque não consigo. Lembro-me perfeitamente do tom da voz dela e da expressão no seu rosto quando cantava para nós, mas, por mais que me esforce, simplesmente não consigo me lembrar da letra ou da melodia daquela canção. Simplesmente não consigo. Então rezo para que essa canção um dia volte para mim em um sonho. Eu peço: "Bom Deus, vovó, onde quer que esteja, se isso é verdade ou não, se você existe ou não, se você está aí ou não, por favor, faça-me lembrar aquela canção. Quero cantá-la para os meus filhos".

Ainda não aconteceu, mas não perdi a esperança. Sei que existe vida depois da morte, que ela está me vendo com um grande sorriso no rosto, porque pode ver que o primeiro neto dela caminha pela vida com a mesma determinação que ela possuía, sendo um homem forte e independente, exatamente como ela me criou para ser.

O GOSTO DA FAMA

Minha família sempre me apoiou quando comecei minha carreira artística. Eles reconheceram que a música era mais do que só uma brincadeira para mim. Ao ver que eu era tão apaixonado, eles me incentivaram a ir em frente, e isso, por si só, deu-me muita força: o simples fato de eles acreditarem em mim me deu muita segurança e nutriu a minha autoestima. É por isso que não foi nenhuma surpresa quando comecei a fazer comerciais para televisão em Porto Rico aos nove anos.

Um dia, saiu um anúncio no jornal dizendo: "Agência procura talento para comerciais de TV". Meu pai viu e me perguntou: "O que você acha?". Achei que era uma ótima ideia, então respondi: "Quero ir, papi, vamos!". Naquele mesmo sábado fomos para o teste. O teste era só para ver se o chefe da agência me aceitava; daquele momento em diante eu começaria a ir para os testes para os comerciais de televisão de verdade. Eles me colocaram diante de uma câmera, perguntaram o meu nome, minha idade, que escola eu frequentava e, sinceramente, não lembro mais o quê. Acho que me pediram para atuar ou ler alguma coisa... Talvez tenham me dado uma pequena cena, as coisas típicas que pedem para você fazer em um teste. O que eu lembro mesmo é que estava muito confiante. Não estava nem um pouco nervoso. Quando terminei, voltei para casa e, alguns dias depois, fui chamado de novo para o meu primeiro teste.

O primeiro comercial que fiz foi de refrigerante. Foram quatro dias de filmagem, quatro dias intensos, porque começavam às seis da manhã e terminavam bem no fim da tarde. Infelizmente, nunca cheguei a ver o comercial, porque era para a audiência latina dos EUA e para o México. Mas eu lembro que, no fim de tudo, eles me pagaram US$ 1.300. E não foi tudo; a cada seis meses eu recebia um outro cheque de US$ 900 pelos direitos de exibição. Era um trabalho maravilhoso! Estava fazendo uma coisa de que realmente gostava, e ainda por cima era bem pago – não dava para imaginar nada melhor. Todo um novo mundo se abriu diante de mim.

Muitos outros comerciais viriam depois: um de pasta de dente, um de um restaurante de *fast-food*... Um comercial levava a outro, e outro e depois outro. Uma vez dentro do jogo, as oportunidades começaram a brotar e, em um ano e meio, eu tinha feito onze comerciais, o que sei graças a meu pai, que tomou nota de todos eles! Faz tanto tempo que, se não fosse por esses registros meticulosos, nunca seria capaz de me lembrar deles todos. Fiz muito sucesso com os comerciais, e, depois de um tempo, comecei a ser reconhecido no meio. Como já tinha experiência, e adorava estar na frente das câmeras, os produtores sempre ficavam inclinados a me escalar e isso, é claro, foi me dando ainda mais segurança e experiência.

Esses comerciais foram meu primeiro contato com a fama. Quando andava na rua, às vezes ouvia as pessoas dizendo: "Aquele é o menino do comercial tal e tal!" ou "Olha! É aquele menino do comercial de refrigerante!". Naquele tempo, adorava ser reconhecido. Como as televisões de então não tinham controle remoto, as pessoas ficavam vendo comerciais, diferente de hoje, que podemos mudar de canal confortavelmente do sofá. É por isso que as pessoas começaram a me reconhecer – mais e mais a cada comercial – e devo admitir que eu gostava. Hoje, é difícil encontrar um momento de paz e tranquilidade, sentar no gramado de um parque ou jogar uma partida de bilhar com os amigos. As pessoas me reconhecem, e isso quer dizer que preciso abrir mão de algumas coisas que, para outras pessoas, são normais, como comer em um restaurante, sair para caminhar, passear na praia... Não que eu não queira fazer isso, mas, se fizer, não encontro a paz e a tranquilidade que busco. Mesmo assim, faço, mas nunca consigo ficar anônimo. Anonimato é uma coisa de que muitas vezes sinto falta, mas, na verdade, a fama me trouxe tantas outras bênçãos que não tenho do que reclamar. No fim das contas, faz parte do meu trabalho, e, assim, é uma coisa de que gosto. A maioria das pessoas é gentil e amável, e a maioria delas respeita o meu direito à privacidade. É sempre uma sensação boa ouvir uma pessoa dizer que significo alguma coisa para ela, seja porque uma das minhas músicas a ajudou a encontrar o amor ou porque gostou de algum show meu. Isso tudo é muito importante para mim, porque é o motivo pelo qual faço o que faço: gosto de dar às pessoas um pouco de alegria e me divertir no processo.

Fama é um fenômeno curioso. Quando se tem, há tanta coisa que se pode fazer com ela. Não é só uma questão de ser reconhecido na rua ou de tirarem fotos de você. A fama também é uma ferramenta que, se você souber como usar bem, pode servir para alcançar milhões e milhões de pessoas para transmitir uma mensagem, comunicar-se e conectar-se com elas. Isso é uma coisa que procuro não esquecer. É claro que muitos sacrifícios precisam ser feitos por causa da fama, tanto no nível pessoal como no profissional, mas, no fim das contas, o que importa é saber usá-la para o que é verdadeiramente importante.

O MENUDO

Meu pai uma vez me disse: "Maldito dia em que você entrou no Menudo. Naquele dia perdi o meu filho".

Ele estava absolutamente correto. Em certa medida, ele perdeu o filho e eu perdi o pai.

Naquele tempo era difícil saber o que estava por vir. Nós não conseguíamos nem começar a imaginar o que estava pela frente. Eu só via as incontáveis oportunidades, as milhares de coisas maravilhosas que ainda me aguardavam, o sensacional caminho que estava se abrindo diante de mim. Nenhum garoto – nem mesmo quando é homem feito – pode discernir o que vai acontecer quando o caminho da sua vida é alterado.

Era impossível compreender quanto custaria alcançar o que desejava. Naquele momento, tudo o que sabia era que ansiava por aquilo com todo o meu ser – meu coração e minha alma. Eu tinha dado duro, com muito esforço e determinação, e sabia quão longe queria chegar. Estar no palco era o meu sonho e estava disposto a fazer o que quer que fosse para chegar lá. Nesse sentido, o Menudo era uma obsessão – eu só conseguia pensar naquilo. Entre os dez e os doze anos, mal conseguia dormir só de pensar no quanto queria aquilo.

Até que finalmente parou de ser um sonho e tornou-se a minha realidade diária. Foi um momento que viria a determinar o curso da minha vida.

O que ele me deu foi magnífico – experiências e emoções que me marcaram profundamente e fizeram de mim uma pessoa melhor. O que me custou foi a infância. No entanto, ganhei lições inestimáveis através do que aprendi e do que perdi. E, assim como nunca iria querer perder nenhuma das lindas lembranças que tenho daqueles anos, também não quero esquecer alguns dos problemas que suportei. Os tempos difíceis me deram a capacidade de apreciar os alegres, e também me ajudaram a me fortalecer como homem. É como tudo o mais na vida: se não fosse pelas coisas ruins, nós nunca seríamos capazes de apreciar as boas.

Quando eu era pequeno, minha mãe sempre dizia: “Filho, nesta vida tudo é possível. Mas você precisa saber o que fazer”. Ela dizia isso porque me conhece bem; sabia que naquele momento eu queria tudo, e tudo era o Menudo.

Eu deixava meu pai louco ao pedir para me levar aos testes. Suplicava: “Me leva! Me leva! Me leva!”. Implorava de todas as formas imagináveis, e implorava tanto que não sei como ele não me jogou de um penhasco. Até que, finalmente, um dia ele disse: “Tá bom, vamos”.

Fiquei tão feliz.

Isso foi em 1983. Hoje é difícil compreender o que o Menudo era naquele tempo, mas a verdade é que era diferente de qualquer outra coisa por aí. Eu até ousaria dizer que até hoje continua a ser um episódio único na história da música. Antes de existir qualquer banda como New Edition, Backstreet Boys, New Kids on the Block, 'N Sync ou Boyz II Men, existiu o Menudo. Foi a primeira boy band latino-americana a alcançar fama internacional. A banda fez tanto sucesso que se falava em "Menudomania" e "Menudite", e muitas vezes éramos comparados aos Beatles e à Beatlemania.

O Menudo começou quando o produtor Edgardo Diaz formou um grupo com cinco garotos, todos eles porto-riquenhos. A singularidade do Menudo, o que acredito ter tornado o Menudo completamente inconfundível – e permitido sua fama durar tanto – é que os membros da banda estavam sempre mudando. A ideia era que cada membro ficaria apenas até fazer dezesseis anos; a essa altura ele deveria se afastar e o seu lugar na banda ficava aberto para um novo membro. Desse modo, os meninos eram sempre jovens, preservando a alegria e a inocência da adolescência. O primeiro Menudo era composto por dois grupos de irmãos: os Melendez (Carlos, Ricky e Oscar) e os Sallaberry (Fernando e Nefty). Eles lançaram o primeiro álbum em 1977, e daquele momento em diante a fama do grupo cresceu exponencialmente: em poucos anos eles estavam enchendo estádios de norte a sul e de leste a oeste por toda a América Latina, e fotos deles forravam páginas e páginas na imprensa, até na Ásia. Eles se tornaram um fenômeno mundial, e quando a RCA, o selo musical, ficou sabendo o que estava acontecendo, assinou um acordo multimilionário com eles. Isso os tornou ainda mais famosos, amealhando milhares de jovens fãs em todos os Estados Unidos e no resto do mundo. De fato, uma das redes de TV de língua inglesa mais importantes dos Estados Unidos usou a música do grupo para ensinar seus espectadores a falar espanhol.

Assim, quando eu era bem pequeno (no fim dos anos 1970, começo dos 1980), o Menudo era sensacional. Um fenômeno mundial. Um sucesso total. Como eu não iria querer fazer parte daquilo? Principalmente considerando que o fenômeno tinha nascido na minha ilha? Sabia todas as músicas deles de cor – eu as cantava desde que me lembro. De fato, adorava tanto cantar que, com a segurança inerente à juventude, achava que entrar para o grupo não era um sonho impossível... Então, eu me dediquei a fazê-lo virar realidade.

Porém, como tudo na vida, o meu ingresso no Menudo não aconteceria sem a devida dose de contradições. Apesar de os garotos do Menudo serem os meus ídolos e de eu desejar entrar para o grupo, para a maioria dos meninos da minha idade o Menudo era coisa de menina. Cultural e socialmente, estávamos tão condicionados – em parte devido à ignorância e em parte à inveja – a achar que homens de verdade não gostam de cantar e dançar, que, para um garoto como eu, querer isso era considerado ridículo. De fato, quando meus amigos da escola me perguntavam por que eu queria entrar para o Menudo, sempre dizia que era por causa "das meninas, do dinheiro e das viagens". Eu devia ter lhes falado a verdade – que queria cantar e dançar no palco –, mas não tenho a menor dúvida de que iriam caçoar de mim. Meninos não deveriam "gostar" do Menudo. Então, em vez de dizer a verdade, simplesmente concordei e disse o que se esperava de mim, escolhendo o caminho com menor resistência. Naquela época, não foi de maneira nenhuma uma experiência traumática, mas agora percebo como é triste não ter me sentido suficientemente à vontade para dizer a verdade.

Depois de pleitear por meses, finalmente tive a oportunidade de fazer um teste. Meu pai me levou para o local em que estavam sendo realizados e lembro-me perfeitamente de estar bem calmo no caminho. Embora fosse normal que eu ficasse pelo menos um pouquinho nervoso, estava muito relaxado porque sabia que ia me sair bem e que os executivos não teriam outra opção senão me escolher.

E foi assim que aconteceu... ou quase. Fui muito bem no teste. Eles adoraram o modo como eu cantava e dançava, mas tinha um problema: eu era muito baixo. Os outros meninos do grupo eram uma cabeça e meia mais altos do que eu, e os executivos queriam que todos os meninos do grupo fossem mais ou menos da mesma altura. No entanto, em vez de me desencorajar, essa rejeição inicial só serviu para aumentar a minha determinação. Apareci de novo em um teste nove meses depois, mas mais uma vez fracassei porque era muito baixo. A certa altura até sugeriram que eu comprasse uma bola de basquete e praticasse para ver se isso me ajudava a crescer! Meio cínico, não é?

Contudo, é claro, não me deixei desanimar. Persisti até que, finalmente, no terceiro teste, consegui. Eu não tinha, na verdade, crescido muito depois dos dois últimos testes, mas por algum motivo dessa vez parece que a minha estatura não incomodou. Acho que em parte foi porque viram o quanto eu queria entrar. "Parece que você nunca vai crescer!", disseram.

No dia daquele terceiro teste, eles me chamaram e disseram que queriam fazer um outro teste na casa de uma das assistentes do empresário da banda. Eu, é claro, fui para a casa dela, onde cantei algumas músicas. Quando terminei, ela me disse: "Agora, vamos para o escritório". Achei um pouco estranho, mas, como não sabia o que fazer, fui atrás dela.

A surpresa foi que, quando chegamos ao escritório do grupo, meus pais estavam lá para me encontrar. No começo, não entendi por que eles estavam lá, até que alguém finalmente explicou: "Você passou no teste! Você é um Menudo!". Fiquei sem fala. Fiquei feliz, é claro, mas ao mesmo tempo não podia acreditar. Eles me cumprimentaram e nós festejamos, mas o que realmente foi inacreditável é que me contaram às sete da noite, e às oito horas do dia seguinte eu estava em um avião para Orlando, onde era a sede da banda. Logo que cheguei, fui diretamente dar entrevistas, encontrar-me com os estilistas, e preparar o guarda-roupa. Em menos de 24 horas minha vida havia mudado completamente.

Deixei minha família para trás, junto com minha vizinhança, meus amigos e absolutamente tudo o que era conhecido para mim. Foi uma mudança muito abrupta, que poderia ter sido traumática se eu não estivesse nas nuvens. Estava tão encantado que tinha energia mais do que suficiente para fazer tudo que precisava fazer. Precisei aprender dezoito esquemas de dança em apenas dez dias, e posso dizer que sou legitimamente orgulhoso disso, porque algumas pessoas levaram quatro dias só para aprender um. Foi uma época muito intensa, que trouxe sua quota de desafios, mas eu estava tão feliz que sentia como se estivesse no topo do mundo.

Apenas um mês depois de ingressar no grupo, fiz a minha estreia no Centro de Belas Artes Luis A. Ferré, em San Juan, Porto Rico. Ricky Melendez (o último membro remanescente do grupo original) era quem estava indo embora, e foi ele quem me apresentou naquela noite, o que foi muito especial para mim. Estava planejado que depois da apresentação dele eu iria cantar sozinho no meio do palco, enquanto o resto do grupo permaneceria sentado em uma escada atrás de mim. Foi um momento espetacular. Não estava nem um pouco nervoso – na verdade, muito pelo contrário! Apanhei o microfone e comecei a cantar, andando de um lado para o outro do palco, me mexendo no ritmo da música. Fiquei muito satisfeito com meu desempenho, sobretudo quando acabei e a plateia aplaudiu com entusiasmo. Eu me senti tão bem que percebi que definitivamente era aquilo que queria fazer dali em diante.

Naquela noite, porém, também aprendi uma das primeiras lições sobre como as coisas eram feitas no Menudo. Quando terminei a minha música e saí do palco, o empresário da banda estava nos bastidores. Eu ainda estava fora de órbita, eufórico com os aplausos, quando ele se aproximou gritando: "Eu não falei para você ficar parado no meio do palco?!".

Ele estava certo. Tinha dito isso por causa da iluminação, e eu tinha esquecido completamente de seguir as instruções. Fiquei indo de um lado para outro no palco, mas eles queriam que eu ficasse plantado em um ponto onde pudessem me iluminar continuamente. Os coitados dos caras da iluminação provavelmente tinham ficado loucos tentando me seguir com os refletores.

O erro foi tão problemático que, daquele momento em diante, nunca mais saí do lugar quando não devia. Aprendi aquela lição, como muitas outras nos anos que se seguiram. Esta era a disciplina do Menudo: ou você fazia o que diziam que era para fazer ou não fazia parte do grupo. Simples assim.

A BOA VIDA

Depois de dar tanto duro para entrar para a banda, não ia fazer – ou deixar de fazer – nada que me custasse o meu lugar no grupo. O Menudo foi mais do que um mundo novo para mim; foi outra galáxia. Quando viajávamos, íamos de jato particular – estamos falando de um jumbo 737! Nas cidades em que nos apresentávamos, não ficávamos em uma simples suíte de hotel ou mesmo com todo o andar; o hotel inteiro era reservado só para nós! Algumas vezes havia um andar inteiro só para a gente se divertir, repleto de máquinas de fliperama e *videogames*. Vivíamos no nosso próprio Disney World, o sonho mais incrível de qualquer criança. Era tão divertido! Todo dia era uma nova aventura, e eu adorava cada segundo. Trabalhávamos muito, mas, quando era hora de relaxar, éramos tratados como reis.

A outra coisa que sempre adorei no Menudo era por ser como uma grande família. Passávamos o nosso tempo livre brincando e conversando – e algumas vezes brigando – como cinco irmãos. Como eu era o mais novo e o menor de tamanho, alguns dos outros faziam o papel de irmãos mais velhos. Quando estávamos entre as multidões, quando as fãs nos pisoteavam em meio à excitação, eles sempre tomavam conta de mim no meio da confusão. E isso fazia eu me sentir especial.

Viajamos pelo mundo inteiro. Fazíamos concertos no Japão, nas Filipinas, na Europa, na América do Sul, e pela primeira vez na história do grupo, fizemos uma turnê pelos Estados Unidos, que incluiu 24 shows no Radio City Music Hall de Nova York. Era uma loucura e era impressionante ver milhares e milhares de pessoas parando o trânsito na Sexta Avenida em frente ao Radio City e em volta do quarteirão inteiro! Quando olhávamos para baixo do nosso camarim, víamos algo como um mar de pessoas. Centenas de policiais precisaram formar uma barreira humana na rua Sessenta e Três e na esquina da avenida Lexington, onde ficava o nosso hotel.

Nossas fãs eram fervorosas, e não eram barradas por nada. Lembro-me de uma outra vez quando estávamos na Argentina e havia uma multidão de pelo menos umas cinco mil meninas do lado de fora do hotel. Carregavam broches, fotografias, bandeiras e toda a parafernália sobre o Menudo. As meninas gritavam toda vez que aparecíamos nas janelas. Tudo o que era preciso fazer era colocar o braço para fora da janela para levá-las à loucura. Elas cantavam nossas músicas como gritos de torcida, como os que se ouvem em estádios de futebol, mas fazendo adaptações para o grupo. Mais tarde, apareceram alguns caras – acho que estavam irritados por causa da atenção que o Menudo estava recebendo das meninas – e começaram a cantar os seus próprios gritos de torcida, mas nos insultando e falando palavrões. De repente, um dos meninos foi até onde as meninas estavam e tentou remover a bandeira de Porto Rico... Bem, as meninas reagiram violentamente! Bateram tanto nele que acho que correu até o risco de não sair vivo de lá.

Coisas como essa aconteciam conosco o tempo inteiro. Era realmente uma loucura.

Que mudança! Antes de me tornar parte do grupo, minha vida era completamente diferente. De uma vida simples em Porto Rico, onde vivia cercado pela família e de amigos, e quase nunca me aventurava para além dos poucos quarteirões do meu bairro, saltei para um mundo de fama, luxo e adoração. Saí de ser o amado filho dos meus pais e adorado neto dos meus avós para ser uma estrela internacional que viajava pelo mundo dando shows em alguns dos palcos mais importantes do planeta. Naturalmente, havia momentos em que eu me sentia perdido e teria gostado se a minha mãe e meu pai estivessem por perto para me consolar. Durante todo o tempo em que estive no Menudo, eles sempre ficavam preocupados comigo, e nós conversávamos com muita frequência, mas, é claro, nem sempre era o suficiente. Lembro-me, por exemplo, de uma vez em que estávamos em turnê pelo Brasil. Liguei para minha mãe uma noite e disse: "Mami, não aguento mais, estou tão exausto, quero ir para casa".

Ela me consolava sempre que podia e dizia: "Meu filho, se é isso que você quer, não se preocupe. Amanhã vamos falar com os advogados e arranjar tudo para você voltar para casa". Mas imediatamente ela acrescentava: "Agora é muito tarde da noite para fazer isso, mas se é o que você quer, vou ligar para o advogado logo que eu acordar".

Depois de falar com ela eu me acalmava e conseguia dormir para ter o descanso de que eu tanto precisava. De fato, na manhã seguinte tinha esquecido completamente o que estava me incomodando no dia anterior. Ligava para minha mãe bem cedo e dizia: "Mami, estou bem agora! Não se preocupe. Não ligue para os advogados. Está tudo bem".

A atitude da minha mãe me fazia sentir muito melhor. Se tivesse decidido deixar o Menudo naquele momento, as coisas teriam sido muito complicadas. Provavelmente eu seria processado por quebra de contrato, e a notícia teria explodido na mídia. As pessoas me fariam todo tipo de pergunta e começariam os rumores sobre por que um membro da banda estava abandonando o grupo se tudo parecia estar indo tão bem... Agora percebo que teria sido um acontecimento enorme. Mas, quaisquer que fossem as consequências, minha mãe estava disposta a lidar com a coisa toda. Tudo o que ela queria era que eu parasse de soar tão chateado como eu parecia estar no telefone.

E assim fui em frente. Exatamente igual a todas as outras pessoas que precisam levantar de manhã e ir trabalhar. É claro que eu tinha meus momentos de fraqueza e ansiedade, mas a euforia permanente ao meu redor ficava me empurrando para frente. Sabia que estava passando por uma coisa extraordinária, e, por mais cansado que ficasse algumas vezes, não queria perder nada.

CONECTANDO COM OUTRAS CRIANÇAS

Foi graças ao trabalho duro que estava fazendo que pude ter tantas experiências incríveis e conhecer pessoas tão maravilhosas, uma conexão que senti com mais clareza ainda quando, por exemplo, nós nos tornamos embaixadores da UNICEF. Os empresários da banda queriam tirar o máximo proveito das nossas viagens pelo mundo, assim, no papel de embaixadores, podíamos convidar crianças desprivilegiadas – que viviam uma realidade muito diferente da nossa – para os nossos shows. Muitas vezes eram órfãos, ou crianças sem lar vivendo na rua, que tinham enfrentado intensas dificuldades na vida com muito pouca idade.

Naqueles dias, acho que nosso menor concerto foi para uma plateia de cerca de 70 mil pessoas. Também batemos o recorde de 200 mil pessoas no nosso show no Estádio do Morumbi, em São Paulo. Mas na hora de passar algum tempo com essas crianças e levar um pouco de alegria para a vida delas, todo o *glamour* dos aviões particulares, hotéis inteiros só para nós, cozinheiros exclusivos, guarda-costas pessoais, professores particulares, assistentes e assim por diante – tudo isso deixava de existir. Os organizadores nos diziam: "Parem um pouco; agora vamos ficar um pouco com crianças que não são nem mais nem menos do que vocês. Elas simplesmente vivem uma realidade muito diferente da de vocês". E a chance de poder passar algum tempo com aquelas crianças foi uma das experiências mais valiosas que o Menudo me deu. Aprendi a ver a vida por outra perspectiva, compreender o que é verdadeiramente significante e o que não é – uma lição mais do que importante para um adolescente que vivia no mundo do luxo e da abundância.

Comecei a compreender, de fato, como muitas crianças vivem em outras partes do mundo. Não foi fácil, e pode ter sido uma bordoada de realidade, mas adorei a experiência. Foi muito especial porque eu era o mais jovem do grupo – naquela época tinha doze anos – e o próximo tinha catorze. Há uma grande diferença entre os doze e os catorze anos, e quase todas as crianças que eram convidadas tinham a minha idade ou eram ainda menores, então rapidamente eu estabelecia uma conexão com elas. Elas tinham um bom senso muito diferente do meu, e posso dizer que aprendi muito com elas.

Não me sentia mal por ter muito mais bens materiais comparados ao pouco que elas tinham. Eu me sentia bem por causa do que podia compartilhar com elas! Contudo, também comecei a perceber que, apesar de eu ter muitas coisas que elas não possuíam, elas tinham muitas coisas das quais eu sentia falta – por exemplo, liberdade. Tudo é relativo nesta vida, e o que é normal para alguém pode ser uma preciosidade para outra pessoa. Embora não tivessem posses, elas tinham liberdade para ir para onde quisessem quando quisessem. E, apesar de adorar o palco e a interminável adoração das fãs, eu levava uma vida muito restrita. Para nós, um dia típico começava com aulas às oito da manhã, e depois íamos autografar discos antes do almoço. À tarde, sempre tínhamos sessões de fotos, ensaios e entrevistas na mídia. Aquelas crianças, por outro lado, podiam fazer o que quisessem sem precisar perguntar para ninguém antes. Estávamos o tempo todo sendo observados e havia uma série de regras que precisávamos seguir por questão de segurança. Então, apesar de ter uma vida maravilhosa, única e divertida, sem dúvida eu também via uma enorme beleza na liberdade absoluta delas.

Não sei se percebi na época o impacto que essas experiências viriam a ter na minha vida no longo prazo. Não acho que naquele momento eu tenha pensado: "Esta experiência vai afetar a minha vida para sempre". Acho que somente anos mais tarde percebi quão profundamente o tempo que passei com aquelas crianças tinha me afetado, já que plantaram em mim a semente do trabalho filantrópico que mais tarde comecei a fazer e faço até hoje.

LIÇÕES APRENDIDAS

Os anos passados no Menudo foram um tempo de muitas mudanças e de muitas lições. Primeiro, porque o Menudo foi a minha adolescência, uma fase muito importante do desenvolvimento de qualquer um. Mas também foi importante por causa do senso de disciplina que instilou em mim e do crescimento profissional que experimentei. O que aprendi lá sem dúvida criou o alicerce de tudo o que veio depois. Nunca teria chegado aonde estou hoje se não fosse por tudo que vi e aprendi no Menudo.

Agora, enquanto escrevo estas páginas, vejo que tive uma adolescência muito intensa e incomum, mas posso garantir que naquela época tudo parecia fluir com bastante naturalidade. No meio desse caos, nunca deixei de ser um garoto com necessidades, curiosidades, medos, e de fazer os questionamentos normais para qualquer garoto daquela idade. De um jeito ou de outro, tinha me tornado um homem sob as luzes quentes do palco, longe dos meus pais e sob o olhar de milhares e milhares de pessoas. Éramos garotos de apenas catorze, quinze e dezesseis anos, e tínhamos umas 250 mil meninas se atirando sobre nós. Eu estava pronto para preencher esse papel? Apesar de na época eu ter dito que sim, mais tarde descobri que estava longe disso.

Quando entrei para o Menudo, não sabia nada sobre sexo, o que até certo ponto era perfeitamente normal, visto que só tinha doze anos. No entanto, acima de tudo, na minha casa ninguém falava de sexo. Incrível, não é? Hoje acho isso muito engraçado. Meu pai é um homem muito bonito – um homem que viveu sua devida quota de romances, e hoje tem uma bela mulher ao lado dele. Tenho certeza de que ele teria me ensinado uma coisa ou outra sobre sexo. No entanto, apesar de sua experiência – seja por modéstia ou timidez –, na minha casa jamais se tocava nesse assunto.

Ele provavelmente achou que eu era muito pequeno na época para esse tipo de conversa, o que entendo, mas na verdade sexualidade era um assunto que já estava chegando a mim por todos os ângulos, seja pela televisão, pelos papos com amigos na escola ou com primos mais velhos e irmãos. Hoje, as crianças estão muito mais expostas a esse tipo de conteúdo do que as gerações passadas. Com a internet, o leve toque em uma tecla pode levar a um mundo nunca antes imaginado. Por isso é importante saber que, quando um filho aparece com dúvidas, como as que eu levei ao meu pai na época, é bem provável que ele já tenha a resposta: o que ele quer é saber o que você vai dizer. É por isso que acho essencial falar abertamente com os filhos, assim, você é quem vai dar a eles a informação que estão buscando, e não um estranho qualquer.

Na minha família, a comunicação sempre foi muito aberta. Sempre tive um ótimo diálogo com minha mãe, e hoje em dia minha comunicação com meu pai é exemplar. No entanto, sexo não era uma coisa sobre a qual podíamos falar na época. Meu pai é um ser humano incrível. É psicólogo profissional e tem uma maneira particular de ver o mundo, muito aberta. Todos o adoram. Por muitos anos trabalhou com pessoas que passaram por instituições em Porto Rico, e só Deus sabe o tipo de história que deve ter ouvido. Estou, porém, convencido de que, por causa dessas experiências e de sua alma especial, ele é tão gentil com as pessoas a sua volta. Sempre foi dedicado à família e minha relação com ele hoje é o testemunho de tudo que me deu e continua a dar. Estou com 38 anos; meu pai tem 61 e, apesar de não termos estado juntos durante boa parte da minha adolescência, compensamos o tempo perdido e hoje somos muito próximos.

De qualquer forma, apesar de na época ser uma estrela por causa do Menudo, amadureci tarde. Muitos dos meus amigos já tinham feito o papel de arrasa-corações e até estado com meninas. Todos eles, na verdade, menos eu. Em outras palavras, de todos os meus amigos, eu era o único virgem, e era constantemente pressionado por eles. Ficavam me perguntando: “Quando vai acontecer? Quando você vai estar pronto?”. Até que finalmente chegou o dia em que fiz sexo com uma menina. Ela era legal, mas minha decisão tinha muito mais a ver com a pressão dos meus amigos, assim como a da nossa sociedade, que diz que um homem nunca deve dizer não se tiver a oportunidade de transar. E ainda havia um acordo tácito entre nós, no Menudo, de que quem fazia mais sucesso era o que conseguisse mais garotas. Eu sabia que tinha que corresponder a essa obrigação. Mas não me senti à vontade e não consegui apreciar esse momento que, segundo minhas expectativas, deveria ter sido mais romântico, talvez com um pouco mais de lampejos.

Era uma garota bonita e eu gostava dela, mas a verdade é que não havia uma sensação de proximidade entre nós, e é por isso que não acho que tenha sido especial. Lembro-me de ficar com uma sensação do tipo: "É só isso?", e pensar: "É disso que todo mundo estava falando? Urgh, é horrível!". Obviamente não foi culpa da menina; teve a ver com as circunstâncias envolvidas. Achei a situação toda meio incômoda e até meio engraçada. Tenho certeza de que existem muitas pessoas, sejam elas gays ou hétero, que acham que a primeira vez não foi tão especial... e como poderia ser, se não temos a menor ideia do que estamos fazendo? Não é preciso dizer que mais tarde encontrei mulheres com quem tive uma conexão surpreendente, e que, quando descobri a sensação intensa que pode ser compartilhada por um homem e uma mulher durante o sexo, consegui ficar com mais mulheres e ter prazer na companhia delas.

O FIM DE UMA ERA

O Menudo, enquanto isso, continuava a lançar álbuns e fazer turnês. Apesar de superficialmente o grupo e eu estarmos nos dando bem, internamente tínhamos problemas. Em 1987, as vendas dos álbuns do grupo estavam começando a cair e tivemos de mudar de selo fonográfico. Por fim, esses problemas nos obrigaram a mudar completamente a nossa imagem. Nossas roupas e cortes de cabelo ficaram mais "roqueiros" e a música também mudou: deixamos a música pop para trás e passamos a nos dedicar a um gênero mais pesado. Lançamos o álbum *Somos los hijos del rock* em espanhol, e para os fãs das Filipinas fizemos uma versão chamada *In action*, que tinha músicas em inglês e tagalo. Pouco depois, lançamos um álbum em inglês chamado *Sons of rock*, que resultou em um outro sucesso, chamado "You got potential". O sucesso nos levou a uma turnê por quarenta cidades nos Estados Unidos. Foi uma fase muito emocionante, porque pudemos nos reinventar para chegar aos nossos fãs através de um tipo de música diferente.

O que não mudou durante aqueles anos foi a nossa forma de trabalhar. Das muitas coisas que aprendi no Menudo, a disciplina é a que teve maior impacto sobre a minha carreira e meu caráter. Nunca dizíamos não. Não importava o que nos fosse pedido; a resposta era sempre positiva. Dizíamos: "Sim, vamos lá!'" e partíamos para qualquer lugar, fazíamos qualquer coisa – uma aparição promocional, uma entrevista para uma estação de rádio, sessão de autógrafos para fãs em uma loja de discos, ensaios –, sempre agarrávamos a oportunidade. Muitas vezes fazíamos todas essas coisas no mesmo dia. Começávamos de madrugada em uma estação de rádio; corríamos para a sessão de fotos com a imprensa, de lá para a loja de discos, mais tarde para um hospital para uma aparição caritativa, e depois para o ensaio e a passagem de som para o show da noite. Era exaustivo. Muitas vezes trabalhávamos por 14 horas, cinco ou seis dias seguidos, e no sétimo subíamos em um avião ou ônibus para nos dirigir a outra cidade.

Trabalhei tão intensamente quando estava no Menudo que no último ano já estava cheio de estar na banda. Ainda adorava as apresentações, a música, estar no palco, mas, para ser honesto, estava completamente exausto. Simplesmente não aguentava mais. O empresário da banda me pediu para ficar por mais um ano porque alguns dos outros meninos iam deixar o grupo ao mesmo tempo, e, apesar de não querer, eu disse sim. Meu contrato original com a banda era de três anos, mas eu já tinha passado quatro anos com eles. Aquele último ano completou um total de cinco.

A verdade é que só fiquei porque tinha muito respeito e carinho tanto pela banda como pela equipe. Obviamente, depois de passarmos tantos anos juntos na estrada, havímos nos tornado uma família. Além do relacionamento profissional que desenvolvemos, também tínhamos muito carinho uns pelos outros, e não queria deixá-los na mão no momento em que precisavam de mim. Então fiquei por mais um ano, mas com algumas condições, nas quais insisti, e que eles se dispuseram a aceitar. Quando comecei no Menudo, só dois de nós falávamos inglês. Então, eu e o outro garoto éramos chamados toda vez que precisávamos fazer uma entrevista em inglês, e enquanto isso os outros meninos podiam ficar no quarto do hotel, relaxando e assistindo a TV. Isso não me parecia justo. Queria descansar e assistir a televisão também! Assim, durante meu último ano no Menudo, pedi que o empresário designasse outra pessoa para essa tarefa. Basicamente, tudo o que eu queria fazer eram os shows. Felizmente eles aceitaram, e foi assim que fizemos.

Não era arrogância da minha parte, nem eu queria me fazer de difícil. O que desejava era só sair do grupo. Além de estar cansado do trabalho pesado, enquanto o resto dos meninos podia se proporcionar uma vida boa, com carros esporte, motocicletas e tudo o mais, eu estava recebendo um salário de US$ 400 por mês. O motivo é que, quando entrei para o grupo, meus pais e os advogados deles decidiram, a fim de evitar qualquer mal-entendido, colocar meu dinheiro em um fundo, do qual eu só podia tirar U$ 400 por mês; todo o resto ficaria congelado até eu fazer dezoito anos. Ficava furioso por me darem tão pouco dinheiro se estava trabalhando tanto. Sei que muitas pessoas trabalham muito mais do que eu trabalhava e ganham muito menos do que eu recebia naquele tempo, mas é preciso entender que eu era jovem e que meu ponto de referência eram os outros membros do Menudo. Então, eu achava que não tinha nada, e isso me deixava irritado.

Na minha cabeça, havia muitos motivos para querer uma mudança na minha vida. Estava cansado do ritmo, estava cansado de não ter dinheiro, mas, mais do que qualquer outra coisa, sentia que precisava de um novo desafio. Os anos passados no Menudo tinham me transformado de muitas maneiras: estava às portas da vida adulta e tudo o que desejava agora era ter uma chance de pensar – realmente pensar – sobre quem queria ser e o que fazer com a minha vida.

Assim, em julho de 1989, deixei o Menudo. Minha última apresentação com a banda aconteceu no Centro de Belas Artes Luis A. Ferré, em San Juan. Foi o evento perfeito para encerrar minha carreira no grupo, no mesmo palco onde estreara com eles. Finalmente era hora de fechar o capítulo e ir em frente.

Depois do show, voltei para casa sem a menor ideia do que ia fazer da minha vida. Sim, eu precisava terminar a escola, mas, até onde ia minha carreira, meu futuro permanecia incerto. No momento, precisava me reconectar com minha família e reaprender como viver com ela. Essa é uma tarefa difícil para qualquer adolescente, mas acho que as circunstâncias tornaram a minha adaptação ainda mais complicada. Cinco anos haviam se passado desde quando eu deixara de morar com eles, e as experiências que vivi não tinham nada a ver com o estilo de vida da minha casa, da minha família. Eu me sentia desconectado, solitário e até um pouco perdido.

Muitas pessoas acreditam que a música que melhor me descreve é "Livin' la vida loca", mas estão erradas. A que chega mais perto de descrever minha vida é uma música escrita pelo grande artista e compositor Ricardo Arjona, chamada "Asignatura pendiente" ("Tarefa pendente"). A letra capta de forma brilhante o dia, em 1984, em que deixei Porto Rico pela primeira vez. "Da sua mãozinha dando adeus/ Aquela tarde chuvosa em San Juan/ Com os beijos que carrego comigo." Sem saber, no dia em que deixei Porto Rico, estava deixando para trás aqueles que me amavam; estava deixando para trás minha infância. Olhei para a frente e só vi o céu azul e um imenso universo aberto para todas as possibilidades. Agora que voltava para casa, aquele mesmo céu parecia cinzento e confuso, e as muitas possibilidades que antes pareciam abertas para mim estavam agora se dissipando no horizonte.

A letra da canção de Arjona reflete o desafio e a maravilha do sucesso. O sucesso é uma faca de dois gumes, porque, para tudo que se faz, alguma outra coisa é sacrificada; para cada estrada tomada, uma outra permanece inexplorada. É a lei da vida. Escolhi o palco, estar diante da plateia, ouvir os aplausos e sentir a adulação. É um sentimento que me satisfaz e me traz grande alegria. Agora, porém, com esta idade, sei que o amor dos fãs às vezes não é incondicional. O calor do amor deles pode ser maravilhoso, mas a intensidade da fama às vezes pode queimar.

Na minha cultura, temos um ditado que diz: *No hay mal que por bien no venga* (que pode ser traduzido por "Há males que vêm para o bem"). Deveríamos, em vez disso, ter uma expressão que dissesse: "Hoje, escolho o caminho que sempre foi meu". Dizer que deixar Porto Rico naquele dia foi um erro é esquecer todas as coisas maravilhosas que vieram depois, todas as coisas extraordinárias que teria perdido se não tivesse saído de casa. Não acho que deixar Porto Rico, ou ter passado um tempo no Menudo, tenha sido de todo bom ou ruim. Foi os dois. Eu precisava ter feito o que fiz para estar onde estou hoje.

Todos crescemos no nosso próprio ritmo. Enquanto existem pessoas que têm a sorte de crescer com a orientação, os conselhos e os cuidados dos pais, outras precisam se adaptar às circunstâncias e se tornar adultas muito cedo na vida. Para o bem ou para o mal, esse foi o meu caso. Com toda aquela maturidade dos doze anos de idade, apareceu no meu caminho uma oportunidade que iria mudar a minha vida completamente: o Menudo. Foi uma das bandas de maior sucesso da história, e tornar-me parte dela foi um sonho que virou realidade, tudo que sempre quis. Como todas as coisas importantes na vida, porém, a experiência não veio sem uma grande dose de sacrifício. Precisei deixar para trás minha família, a escola, meus amigos – tudo que conhecia. Sacrifiquei minha juventude e minha inocência, e, apesar de hoje saber que nunca vou poder recuperar essas coisas, posso dizer com toda a sinceridade que não me arrependo. Foi muito difícil, mas tornar-se homem é isso: enfrentar os desafios que a vida põe no nosso caminho e aprender a crescer com eles.

No entanto, logo que voltei para casa, eu ainda não via como minhas novas experiências tinham me modificado e não percebia o quanto mais ainda precisava crescer. Em muitos níveis, eu já era em grande medida um homem – tinha vivido, viajado e tido minhas experiências –, mas naquela época não via o caminho espiritual que precisava percorrer para me conectar com quem realmente sou. Ao longo do tempo em que estive no Menudo, aprendi muito e amadureci em um ritmo alarmante. Não aprendi só a cantar, dançar e tudo o que é preciso para ter uma carreira no show business. Também comecei a experimentar o mundo sozinho, longe do olhar protetor dos meus pais. Dito isso, eu realmente perdi algumas coisas essenciais na vida, e toda a incerteza, o medo e a confusão da adolescência não demoraram para me atingir com força quando voltei para casa. Só quando voltei para casa, para minha família e para a ilha que tinha deixado para trás me dei conta do sentimento de vazio dentro de mim. Como muitos, na época eu acreditava que a felicidade era uma coisa que poderia encontrar fora de mim, e não dentro.

DOIS

ENCONTRANDO O DESTINO

No tempo em que deixava meu pai maluco de tanto que queria entrar para o Menudo, lembro-me de sentir que, se conseguisse a vaga no grupo, nunca mais precisaria me preocupar com nada. Iria ganhar dinheiro, viver com os outros quatro, que naquela época eram meus ídolos, e todos os meus sonhos se tornariam realidade. Achava que, se conseguisse entrar para a banda, estaria com a vida feita, porque *sabia*, bem no fundo, que queria ser artista. Nada iria me impedir de realizar meu sonho. O que eu não sabia era que a distância mais curta entre dois pontos nem sempre é uma linha reta, e que para alcançar meus objetivos ainda havia muito trabalho a ser feito.

No Menudo, tudo era mais ou menos rotineiro e previsível, e a única coisa que eu precisava fazer era seguir uma série de regras que me eram dadas. No entanto, depois que deixei a banda, minha carreira parou de ser uma linha reta e se transformou em uma série de pontos que poderiam, à primeira vista, parecer estar dispersos ao acaso. Em vez de me concentrar em continuar a ser músico, tentei um pouco de tudo, porque foram as oportunidades que apareceram no meu caminho. Foi assim que acabei trabalhando no cinema, no teatro e na televisão antes de voltar para a música. Se essas experiências não tivessem sido tão variadas, nunca teria sido capaz de me abrir para o destino que me aguardava. Hoje, pergunto-me se isso tinha alguma coisa a ver com destino, ou se eu mesmo estava de alguma forma criando-o através do grande poder da consciência.

VOLTANDO PARA CASA

Quando voltei para Porto Rico, depois de cinco anos na banda, eu me senti totalmente perdido; foi quase como se não soubesse quem realmente era. Uma parte de mim queria se afastar do mundo do entretenimento, mas, durante o período passado no Menudo, o show business tinha se tornado uma parte tão profunda da minha existência que seria como remover um órgão vital.

Boa parte do meu mal-estar provavelmente tinha a ver com o fato de estar com dezessete anos, e, como a maioria dos meninos da minha idade, sentia que estava em uma encruzilhada na vida. Precisei tomar uma série de decisões adultas, mas tive de fazê-lo com a cabeça de uma criança. Ironicamente, apesar de o tempo com o Menudo ter me forçado a amadurecer e aprender as coisas em um ritmo muito mais rápido do que o normal, em muitos aspectos eu ainda era uma criança. Dos doze aos dezessete anos, nunca precisei decidir nada por mim mesmo (roupas, cortes de cabelo, música, itinerário, tudo era definido por alguém), e eu funcionava assim: fazendo o que se esperava de mim, sempre tentando agradar a todo mundo. Então, quando assumi o controle da minha vida, senti-me totalmente perdido: não sabia para onde olhar ou o que fazer.

Emocionalmente, estava começando a sentir que não tinha firmeza, e fiquei confuso. Depois da minha primeira experiência com uma garota, também tive algumas experiências com homens e, apesar de não querer enfrentar a questão, estava bastante ciente da minha sexualidade. Por dentro, sentia que estava lutando com sentimentos contraditórios, mas o terror que eu tinha de descobrir – assumir então, nem pensar – a minha homossexualidade era tamanho que eu dava um jeito de não ter tempo para parar e analisar com seriedade o que estava sentindo. Culturalmente, sempre fui ensinado que amor e atração entre dois homens era pecado, então, em vez de enfrentar o que estava sentindo, enterrei tudo, porque me assustava.

Quando voltei para a ilha, outro problema que tive de enfrentar foi o caos na minha família. Antes do Menudo, o divórcio dos meus pais nunca tinha me afetado. Apesar do fato de eles morarem separados, tive uma infância muito feliz. A separação nunca foi fonte de sofrimento para mim, já que eles sempre se esforçaram para manter um certo equilíbrio, o que me deu paz e tranquilidade. No entanto, quando entrei para o Menudo, senti a dor pela primeira vez. O fato de ter me separado da minha família tão jovem teve um impacto profundo sobre ela. O divórcio, que até então não havia me afetado, de repente começou a fazê-lo. Enquanto eu estava me divertindo fazendo parte de uma das bandas mais reconhecidas do planeta, viajando pelo mundo, com fãs gritando em todo lugar, meus pais começaram a brigar mais do que nunca. O relacionamento, que até então tinha sido harmonioso, tornou-se irreconciliável; e eu fiquei preso no meio da tempestade.

Por um lado, minha volta para casa significava que poderia dar um tempo nas pressões do grupo, nas turnês promocionais e no constante estresse do trabalho. Por outro, foi difícil para mim enfrentar a raiva e o ressentimento que tinham se instalado na minha ausência. E não estou falando só da raiva entre meus pais; estou falando também do ressentimento que eu tinha em relação a eles, por terem me colocado bem no meio da briga. Por causa do conflito entre eles, fui obrigado a tomar partido – coisa que nenhuma criança jamais deveria precisar fazer. Toda visita a Porto Rico era um pesadelo. Era ridículo, e também muito doloroso. Dentro de mim, bem no fundo, comecei a desenvolver um desprezo profundo em relação a ambos, porque estavam me forçando a escolher entre as duas pessoas que eu mais amava no mundo. Quando se é jovem, o conceito de Deus é ensinado pelos pais. No entanto, enquanto você tenta compreender o conceito abstrato de "ser superior", quem faz esse papel no dia a dia são a mãe e o pai. Quando os dois (e, nesse caso, Deus) cometem erros, acabam magoando, e você não tem a menor ideia de como perdoá-los. Parece loucura, mas cresci com uma religião em que eu era quem precisava me desculpar com Deus pelos meus erros, mas ali estava Deus, também conhecido como mamãe e papai, magoando-me ao me obrigar a escolher entre um ou outro.

Há muitas crianças no mundo que passam por esse tipo de situação, e me parte o coração ver pais que não percebem o dano que estão causando aos filhos. Apesar de meus pais terem seus motivos para brigar, tudo o que eu pensava era: "Por que os problemas deles precisam me afetar?". Trabalhava como louco, e nem podia aproveitar as minhas folgas como o resto dos integrantes do grupo.

Com o tempo, acabei percebendo que tinha me matado de tanto trabalhar no Menudo porque parte de mim queria esquecer os problemas que me esperavam quando voltava para Porto Rico. Enquanto estava trabalhando e viajando pelo mundo, sentia-me seguro e longe da realidade do que estava acontecendo na minha família. Não sabia como lidar com a situação, então simplesmente a aturava somente alguns dias de cada vez – no máximo – sempre querendo voltar ao trabalho o mais rápido possível.

Agora, porém, ia ficar em casa até quando era possível imaginar e não tinha saída: precisava enfrentar minha realidade de qualquer maneira. Por muito tempo, não conseguia entender por que eles brigavam e estavam com tanta raiva um do outro o tempo todo, mas hoje percebo que estavam fazendo o melhor que podiam naquelas circunstâncias, e ver as coisas dessa forma me ajudou a perdoá-los.

Demorou, mas finalmente percebi que estavam brigando somente porque os dois queriam o melhor para mim. Cada um tinha um ponto de vista, e, apesar de a teimosia deles ter me causado muito sofrimento, estavam fazendo aquilo pelo motivo mais importante: porque eu era o filho deles e eles me amavam. Tem algo melhor do que isso? Existem pais que abandonam seus filhos e não os protegem. Meus pais nunca foram assim. Era bem o oposto: eles sempre se preocuparam comigo e me adoravam infinitamente. Quando finalmente compreendi isso, encontrei a paz. No meu coração, perdoei toda a dor e a raiva que eles me causaram, e, hoje, temos o relacionamento mais carinhoso e amoroso possível. Estimo todos os momentos que eles passam com meus filhos e comigo, e tento vê-los o máximo possível.

CHEGANDO À MAIORIDADE

Uma das coisas de que realmente gostei ao retornar a Porto Rico foi só precisar ser adolescente, e isso foi um imenso alívio. Acabei a escola, e com minha pequena mesada consegui até comprar um carro, que eu usava para ir de uma festa para outra e ficar na rua até amanhecer.

No entanto, por mais ocupado que eu parecesse estar para todo mundo naquela época – entre ficar com minha família e os amigos, ir a festas, estudar, e assim por diante –, por dentro me sentia totalmente perdido. Estava exausto e confuso. Apesar de achar normal me sentir daquele jeito na minha idade, estou certo de que a experiência com o Menudo só intensificou minhas dúvidas. Tinha me divertido imensamente nos meus anos no grupo, mas, quando tudo acabou, não sabia se queria continuar no ramo da música. O palco, que antes me atraía, agora me provocava emoções contraditórias, e eu não tinha ideia de que caminho seguir. Precisava de tempo para pensar.

Terminei meus estudos e, no dia 24 de dezembro de 1989, fiz dezoito anos; com a chegada daquele dia, além de me tornar adulto, adquiri independência financeira: podia finalmente acessar as contas bancárias que tinham ficado congeladas por anos e fazer o que quisesse com o dinheiro que havia ganhado. Para celebrar, decidi que ia me esbaldar! Treze dias depois do meu aniversário, no dia 6 de janeiro de 1990, mudei para Nova York.

O plano original era ficar só por uma semana – pelo menos foi isso que eu disse para todo mundo. Peguei meu travesseiro, minha mochila e só algumas roupas, para ninguém ficar desconfiado ou adivinhar minhas intenções. Mas, no momento em que cheguei ao JFK, liguei para minha mãe e disse: "Mami, vou ficar em Nova York".

"O quê? Oh, não!", ela respondeu. "Como você pode ficar em Nova York? Por que não vai para Miami em vez disso?"

Acho que ela ficou nervosa por eu ir morar em uma cidade tão grande, porque ela estava com medo de eu ser assaltado ou sabe-se lá o que mais. "Vamos, Mami", disse a ela, "você anda vendo filmes demais. Não se preocupe. Decidi que quero morar aqui por um tempo."

Como já disse, precisava de tempo para pensar, mas acho também que precisava diminuir o ritmo das festas. Durante aqueles seis meses que passei em Porto Rico, houve muita loucura e muitas aventuras. Eu me diverti muito, mas por dentro sabia que estava evitando a grande pergunta que me perseguia: o que ia fazer agora? E, assim, quando cheguei a Nova York, a última coisa que eu queria era ir a festas. Pelo contrário, queria paz e tranquilidade. Um casal de bons amigos recém-casados, que também tinha acabado de se mudar para Nova York, me acolheu em casa por um tempo; durante minha estadia com eles, conheci a cidade e tive tempo para me acomodar na casa nova.

Achei um apartamento pequeno, mas confortável, em Long Island, no bairro grego, na mesma rua dos meus amigos, um pouco mais para baixo. Depois do Menudo, onde tive acesso a luxos inacreditáveis – nosso próprio jato, hotéis cinco estrelas, jantares incríveis –, tudo o que eu queria era uma vida simples. É claro que poderia ter encontrado um apartamento em Manhattan, perto dos melhores restaurantes e numa vizinhança mais badalada, mas não era o que estava procurando na época. No meu apartamento no Queens, levava uma vida simples, com as necessidades básicas. Pela primeira vez na vida, podia viver exatamente como *eu* queria, sem pressão dos meus pais, do meu empresário, do produtor ou de qualquer outra pessoa me dizendo o que fazer. Fazia o que queria, quando queria e como queria. E, se não estivesse com vontade de fazer nada, não fazia absolutamente *nada*.

Nos fins de semana, eu ia para Manhattan, para uma loja de discos, onde participava de encontros pagos e assinava discos, broches e todo tipo de parafernália do Menudo. Era perfeito para mim, porque eram só algumas horas de trabalho por semana e me proporcionava uma renda. Nos fins de semana, amigos que estudavam em Boston geralmente vinham me visitar. Quase todo dia ia para a cama quando já estava amanhecendo, mas não porque estava em alguma festa. Na verdade, com dezoito anos não dá para fazer muita coisa em Nova York, porque a idade para poder entrar em bares e clubes é 21. Meus amigos – que, diferente de mim, vinham querendo ir a festas – convidavam-me para sair com eles, mas sempre dizia que iria me encontrar com eles mais tarde. Ficava em casa, relaxando, e passava horas assistindo a filmes, caminhando e pintando. De fato, se bem me lembro, minhas pinturas dessa época eram um pouco melancólicas. Todo aquele tempo livre estava me dando o espaço de que precisava para pensar, refletir e amadurecer. Queria tirar o máximo proveito daquele momento e ter tempo para conhecer a mim mesmo.

Dos doze aos dezessete anos – os cinco anos formativos da adolescência –, tudo que ouvia era: "Vista isso. Corte seu cabelo assim. Cante isso. Aprenda esse esquema de dança. Fale com esse jornalista". Nunca tinha a chance de tomar minhas próprias decisões, e é por isso que não tinha a menor ideia de como tomá-las. Durante esses mesmos cinco anos, fui treinado – doutrinado – para personificar um conceito. Fui obrigado a esconder meus sentimentos e minha personalidade a todo custo. Não podia ser o Kiki ou o Ricky... A única coisa que importava era ser um bom Menudo!

Enquanto estava em Nova York, tive muito tempo para pensar, e percebi que ao longo dos sete anos anteriores havia me tornado especialista em esconder emoções. Dizia para mim mesmo: "Não, não quero sentir isso" e me fechava. Era difícil dizer "Amo você", porque o que eu mais temia era rejeição. Tinha passado tanto tempo achando que a única coisa que importava era seguir um certo conjunto de regras para que as outras pessoas gostassem de mim que não sabia nada sobre ser espontâneo e expressar meus sentimentos.

Por nove meses, vivi feliz entre as pessoas na maravilhosa cidade de Nova York e experimentei como era ser "uma pessoa normal", em vez de uma celebridade. Não adotei uma vida de monge ou de asceta, mas criei um estilo de vida tranquilo e despojado para mim, e foi assim que continuei a levar a vida dali em diante. Sentava em um banco no parque e ficava olhando as pessoas passarem, sem ser abordado para dar autógrafos ou tirar fotos. Nessa cidade de milhões, eu era anônimo. E aquela vida simples, prestando atenção nas coisas simples como as mudanças de estação, e me deleitando com isso, permitiu-me encontrar a paz interior que havia perdido. Conectei-me novamente com os sonhos e fantasias da minha infância, e ainda acreditava em fazer meus sonhos se tornarem realidade.

O silêncio me permitia pensar no futuro e me perguntar de verdade o que realmente queria fazer. Uma possibilidade era estudar arte dramática na Universidade de Nova York, mas não sabia se queria voltar ao palco. O show business ainda era fonte de sentimentos contraditórios, e um dia disse para minha mãe que queria estudar ciência da computação. Ela, é claro, imediatamente disse: "Filho, por favor, não faça isso".

Fiquei bravo por ela não apoiar o que eu queria fazer, então respondi: "Mami, estou falando que quero estudar, isso é o que todas as mães querem para seus filhos. E você está me dizendo que não quer que eu estude? Como é possível?".

"Filho", ela disse, "você pode não ter percebido ainda, mas seu destino é o palco." Ela já sabia o que eu acabaria fazendo antes de me dispor a aceitar a verdade.

"Mami, nem pense nisso!", disse a ela. "Nunca mais quero voltar ao palco. Já foi o suficiente."

Fiquei um pouco incomodado, então não tocamos mais no assunto. Alguns meses depois, ela veio me visitar e fomos a uma apresentação no Radio City. De repente, no meio do show, virei-me para dizer alguma coisa a ela e vi que tinha lágrimas escorrendo pelo rosto. Ela estava soluçando como um bebê. "Mami, o que foi?", perguntei, preocupado.

"Filho, você não pode desistir do show business", ela disse. "Aquele é o seu lugar, no meio do palco, sob os refletores."

As palavras de minha mãe ficaram na minha cabeça. Elas me afetaram, é claro, mas não o suficiente para me fazer mudar de ideia. Agora, pensando nisso, nunca realmente busquei o palco. Foi o palco que me encontrou. Fiz tudo porque a oportunidade apareceu com bastante naturalidade. Como tudo o mais na minha vida, foi como se o próprio destino tivesse colocado o palco diante de mim, e a única coisa que precisei fazer foi decidir se aproveitava a oportunidade. Agora, mais do que nunca, depois de tudo por que passei, estou convencido de que a vida é assim, que essa é a mágica e a beleza dela. Todos percorremos um caminho cármico, uma jornada espiritual, e cada um de nós tem a chance de decidir o que fazer com a própria vida. É como se estivéssemos vagando pelo deserto e de repente aparecesse um cavalo. Podemos ignorá-lo e continuar andando, ou podemos montar nesse cavalo. E, se montarmos nele, podemos só ficar sentados lá e não fazer nada ou pegar as rédeas e galopar para onde realmente queremos ir. Quando uma oportunidade aparece no meu caminho, sou só eu quem decide aproveitá-la ou não.

Mais ou menos nessa época, uma das oportunidades chegou pelo telefone. Liguei para um ex-colega no México só para falar oi e saber como ele estava. Enquanto conversávamos, ele me convidou para passar uns dias na Cidade do México e, como tinha todo o tempo do mundo, aceitei o convite sem pensar duas vezes. Poucos dias depois, tomei um voo em direção a outra cidade grande.

A ideia original era ficar só uma semana, mas, exatamente como quando cheguei a Nova York, meus planos mudaram drasticamente...

Algumas noites depois de chegar, fui ao teatro ver uma peça produzida e estrelada por três amigas próximas, que por acaso eram grandes nomes dos palcos mexicanos: Angelica Ortiz, Angelica Maria e Angelica Vale. A peça chamava-se *Mamá ama el rock* (Mamãe ama o rock), uma comédia musical. Além do fato de estar animado para ver minhas amigas, sempre adorei ir ao teatro, e nunca perco a oportunidade de ver um novo espetáculo. Fazia muito tempo que não via essas amigas, e, quando começamos a conversar, elas me perguntaram o que eu estava fazendo em Nova York.

"Estudando", respondi.

Que mentira! Simplesmente não queria entrar em detalhes.

"Tudo bem, esqueça o estudo", respondeu uma delas. "Você precisa ficar aqui." Ela foi tão enfática que fiquei surpreso, mas, logo depois, ela acrescentou: "Está vendo aquele cara de pé ali?", e apontou para um dos atores. "Ele vai embora daqui a uma semana e não sei o que fazer. Quer substituí-lo?"

Sem pensar duas vezes, disse sim, e foi assim que comecei no mundo do teatro.

ALCANÇANDO UMA ESTRELA

Minha família e meus amigos em Nova York não conseguiam acreditar quando contei a eles que estava me mudando para o México, mas todos ficaram felizes por mim. Sabiam que ia ser bom que eu voltasse a trabalhar. E assim, do nada, precisei voltar a ser extremamente intenso e focado no trabalho. Tive apenas uma semana para me preparar para minha estreia no teatro. Sim, em uma semana aprendi a coreografia, as falas, a marcação do palco, tudo. Voltei a ser o soldado disciplinado dos dias do Menudo, mas estava gostando muito daquilo porque trazia de volta a euforia que há um ano não sentia. Foi uma loucura mergulhar em uma coisa totalmente nova para mim, mas, na verdade, a experiência com o Menudo tinha me ensinado como trabalhar em ritmo acelerado e dar conta de todo o trabalho pesado. E, como diz o ditado, *De los cobardes no se ha escrito nada* (Nada se escreveu sobre os covardes), então, deixei para trás os medos que poderiam ter surgido e me atirei de cabeça nessa oportunidade que a vida tinha lançado na minha direção.

Adaptei-me à vida no México com naturalidade, sem maiores dificuldades. Não só já tinha amigos e contatos profissionais, como também tive a sorte de, no início, ir morar com outro antigo companheiro de trabalho. Os pais e a irmã dele me acolheram como mais um membro da família e, graças a isso, nunca me senti sozinho. Adorava morar com eles, mas depois de alguns meses, quando já estava mais adaptado, senti que era hora de me tornar mais independente e aluguei meu próprio apartamento.

Existe uma tradição no teatro mexicano: toda vez que um espetáculo chega a cem apresentações (ou duzentas, trezentas, quatrocentas, assim por diante), algum ator, diretor ou produtor famoso sobe ao palco e entrega uma placa comemorativa ao elenco, como reconhecimento pela conquista.

Quando comecei a trabalhar em *Mamá ama el rock*, não conhecia essa tradição, então não tinha a menor ideia da importância. Assim, quando chegou nossa hora de receber o prêmio, decidi me empenhar para fazer a melhor apresentação possível. Os demais atores, estavam extremamente nervosos, porque sabiam que havia alguém importante na plateia naquela noite. Todos queriam apresentar o melhor espetáculo da história, e, quando as cortinas se abriram, a tensão era palpável.

Eu, no entanto, prossegui como de costume, completamente calmo. Fiz o meu papel o melhor que podia e fui para casa dormir. Se soubesse que um famoso produtor estava nos assistindo naquela noite, talvez ficasse tão nervoso quanto todo mundo. Mas, como não fazia ideia, me mantive calmo. No dia seguinte, o produtor me ligou e disse que queria me conhecer pessoalmente. Conversamos um pouco e ele me ofereceu um papel em uma novela famosa, chamada *Alcanzar una estrella* (Alcançar uma estrela). Aceitei, e foi assim que começou esse novo capítulo da minha vida: novelas. A novela fez o maior sucesso, não só no México como também no mundo todo; uma façanha parecida com a de *High School Musical* ou *Glee*, que anos mais tarde decolaram nos Estados Unidos.

Acabei me juntando ao elenco na segunda temporada, que se chamava *Alcanzar una estrella II*. A história girava em torno de seis jovens que tinham uma banda chamada Muñecos de Papel (Bonecos de Papel). Fazia o papel de Pablo Loredo, um dos membros do grupo. A novela fez tanto sucesso que mais tarde virou filme, chamado *Más que alcanzar una estrella* (Mais que alcançar uma estrela), em que também tive um papel importante. Por fim, os produtores do programa organizaram uma turnê para os Muñecos de Papel. Nem preciso dizer que foi um total *flashback* do Menudo para mim – apesar de não ter sido tão intenso – e devo admitir que não fiquei muito entusiasmado com a perspectiva de sair em turnê. Tudo o que queria fazer era atuar. Já tinha feito turnês demais! Acabei aceitando e até gostei, porque éramos um ótimo grupo de pessoas, todos se davam realmente bem.

Surpreendentemente, graças ao meu papel no filme, naquele ano recebi o Premio El Heraldo – o equivalente mexicano ao Oscar – pelo meu desempenho. Foi uma grande honra para mim, e até hoje é um dos prêmios preferidos da minha carreira.

Pensando nisso agora, percebo que tudo que fiz naquela época – até mesmo atuando – tinha a ver com música. E apesar de ser tentador dizer que tudo foi uma grande coincidência e que não necessariamente deveria ter transcorrido desse jeito, também pode ser que o universo estivesse conspirando para me colocar na direção certa. O Menudo foi uma experiência incrível, que me ensinou muito sobre o mundo da música e mais ainda sobre mim mesmo. O trabalho, porém, era tão intenso que acabei questionando a minha paixão. Acho que no fundo nunca quis parar de cantar, mas que de alguma forma havia enterrado esse desejo dentro de mim. Ao longo do tempo que passei em Nova York, acreditava honestamente que não desejava pôr os pés no palco de novo, mas acho que era porque estava exausto. O esforço tinha sido tão monumental, minha vida ao longo daquele período tinha sido tão louca, que eu simplesmente não via como poderia continuar naquele ritmo. No entanto, as oportunidades que vieram ao meu encontro no México foram aos poucos mudando meu ponto de vista, e percebi que a vida no palco não precisava sempre ser tão intensa como era com o Menudo. De uma maneira mágica, atuar revigorou minha paixão por cantar, e apesar de gostar muito de atuar, sentia o desejo e a necessidade de me expressar sinceramente através da música.

Não é preciso dizer que todos precisamos aproveitar ao máximo as oportunidades que aparecem, mas nunca devemos nos esquecer de nossa verdadeira paixão. Se na sua parte mais profunda, você, sentir que é poeta, não importa se é médico ou contador, não deve parar de escrever seus poemas. Pelo contrário: é importante lembrar-se de que o que você é e o que você faz nem sempre são a mesma coisa. Os dois são parte da vida, parte da mesma jornada. Se você não tentar fazer aquilo pelo que é realmente apaixonado, nunca seus sonhos vão virar realidade. Você pode ter muitas coisas, como casas bonitas ou carros luxuosos. Pode encontrar o amor e ter uma família que o adore. Pode ter tudo isso e muito mais. Mas, se você é um poeta e não escreve poemas, como vai ganhar o prêmio de poesia com que sempre sonhou? Se não cultivar sua paixão, sempre vai sentir um vazio. Sempre vai sentir que está faltando alguma coisa. Não estou dizendo que deve abandonar o trabalho e escrever poemas 24 horas por dia, mas todos nós deveríamos sempre tentar com o maior empenho possível nunca abandonar nossos sonhos.

Desde muito cedo, sabia que a música preenchia imensamente minha alma. Também adoro a conexão com a plateia que aflora quando me apresento ao vivo. A energia que vem da multidão, com todo o mundo se movendo no ritmo da minha música, é incrível. É eletrizante! Não há nada igual, e nada mais chega perto disso. Gosto do trabalho quando faço um filme ou uma novela, mas falta a reação imediata e a intensidade da plateia ao vivo. Não importa o que as pessoas digam, para mim não há nada mais maravilhoso do que a conexão que se estabelece com a multidão durante uma apresentação ao vivo. Eu quero essa reação imediata. Não, eu preciso dela. Necessito do aplauso e da energia do público, eles são o meu vício.

E foi assim – através de uma série de oportunidades ao acaso – que voltei para a música. Sempre vou ser infinitamente grato ao México por tudo que me deu, e por todas as oportunidades que me ofereceu. Foi minha plataforma de lançamento para o resto do mundo, por ter passado do teatro para novelas de TV, das novelas para o cinema e, do cinema, ter voltado à música. Nunca se sabe o que o destino vai aprontar, e algumas vezes ele não escolhe o caminho mais óbvio. Graças à novela e ao filme, alguém na Sony Music prestou atenção em mim e me ofereceu meu primeiro contrato de gravação solo. Obviamente, fiquei em êxtase. A ideia de fazer um disco só meu, em que pudesse me expressar como quisesse, era meu sonho se tornando realidade.

O executivo da Sony Music que ofereceu a transação me entregou o contrato e disse: “Ricky, você precisa assinar isso imediatamente. Se não assinar esse documento antes de eu subir no avião para Madri hoje à noite, vou ser despedido”.

Ri por dentro e pensei: “Que filho da mãe”.

Não preciso dizer que, se fosse hoje, teria mandado meus advogados reverem o contrato. Mas como então eu era um garoto de dezoito anos e tudo o que queria era cantar, fechei meus olhos, assinei o contrato e disse a mim: “O que quer que aconteça, quero fazer esse álbum, então, que diferença faz?”.

Tudo que eu queria era começar a gravar o mais rápido possível. Estava tão entusiasmado para voltar ao mundo da música que não me importava com as condições.

Foi um erro – um erro enorme. Aquele executivo fonográfico – e ele com certeza vai se reconhecer quando ler este livro – aproveitou-se da minha ignorância e fez um acordo que me oferecia algo como um centavo em *royalties* para cada disco vendido. Roubo! Hoje, quando penso nisso, dou risada do absurdo. Fora esse pequeno detalhe contratual, porém, o álbum foi o começo de uma coisa fenomenal para mim – algo para que eu vinha me preparando a vida inteira. Sabia que queria ser artista desde os seis anos, porque, quando pegava aquela colher e cantava para os meus tios, sentia na alma que era o que tinha de fazer. Todo o trabalho árduo e a paixão que eu tinha despendido finalmente estavam começando a dar frutos, e a música voltou à minha vida de forma poderosa e definitiva.

É claro que teria sido perfeito se o executivo da Sony tivesse aparecido logo que o filme foi rodado. Mas assim é a vida, e as coisas nunca acontecem exatamente quando você quer; parece que acontecem todas ao mesmo tempo! Isso pode complicar bastante as coisas, mas acredito sinceramente que, se ficarmos sentados esperando as oportunidades aparecerem no momento perfeito, nunca vamos chegar a lugar algum na vida. A vida é complexa, e é assim que devemos encará-la. Assim, *Ricky Martin*, meu primeiro álbum solo, foi gravado enquanto ainda estava filmando capítulos de *Alcanzar a una estrella II*. Trabalhava dia e noite – mas estava incrivelmente entusiasmado com tudo o que estava pela frente. O dia a dia era desafiador, mas se há uma coisa que aprendi ao longo do tempo que passei em Nova York é que não posso jamais perder de vista o cenário mais amplo dos meus objetivos. Graças ao intervalo que me proporcionei para pensar e descansar, estava pronto no dia em que o destino bateu à minha porta. Lá no fundo, finalmente, tinha certeza do que desejava: subir ao palco.

O álbum foi lançado em 1991, pouco depois de eu voltar da turnê com o Muñecos de Papel. Foi um imenso sucesso. Um dos *singles* lançados nesse álbum foi *Fuego contra fuego* ("Fogo contra fogo"), pelo qual recebi discos de ouro no México, Argentina, Porto Rico e nos Estados Unidos. Receber um prêmio (ainda mais vários deles) é uma conquista muito empolgante, mas o que eu mais gostei naquele disco foi de ele ter me dado a chance de voltar ao palco e fazer uma turnê pela América Latina, em que novamente fiquei cara a cara com a plateia. Estava me apresentando ao vivo e vendo meu público cantar e dançar ao som da minha música. Sentia que estava exatamente onde deveria estar, como se tivesse, porfim, encontrado meu lugar no mundo.

APAIXONANDO-ME

Apesar de a minha vida profissional estar correndo maravilhosamente, na verdade logo comecei a trabalhar como um louco, sem parar nem ter tempo para mais nada. Então, minha mãe veio me dar apoio. Ela adora o México, e o tempo que passamos juntos lá foi muito especial – eu não era mais o garoto que tinha voltado para Porto Rico depois de ser uma celebridade internacional; estava em um momento mais maduro da vida para ter um relacionamento sólido com ela.

Sei que muitas pessoas com mães incríveis dizem a mesma coisa, mas a minha é uma mulher extraordinária a quem devo muito. Não pelas coisas óbvias, como me criar, cuidar de mim e me fazer companhia, mas também porque sempre foi uma grande fonte de apoio e inspiração. Por exemplo, em grande medida é por causa da minha mãe que tenho uma paixão tão grande pela música, em especial salsa, merengue, boleros e *los trios*... Ela é uma dedicada apreciadora de música e sempre teve centenas e centenas de discos em casa. E, apesar de meus irmãos e eu ouvirmos rock clássico, ela nos interrompia e nos fazia ouvir um pouco da música da nossa ilha. De fato, uma vez nos levou a um show do Fania All-stars, algo por que sou mais do que agradecido! Apesar de ela não ter me convertido à música latina naquela época, mais tarde essa influência teria um impacto profundo na minha carreira, Quando morávamos no México, ela sempre me trazia CDs de artistas como Fania, Celia Cruz, El Gran Combo e Gilberto Santarosa, e, aos poucos, foi através dessas gravações, lá no México, que comecei a apreciar a cultura da minha ilha. Tudo graças a minha mãe.

Faltavam alguns anos para o famoso *boom* latino surgir na música, o fenômeno que impulsionou minha carreira, mas as sementes do que estava por vir já haviam sido plantadas. No entanto, apesar de minha vida profissional estar aos poucos tomando rumo, minha vida amorosa era bastante tumultuada. Depois de deixar o Menudo, tive experiências com homens e mulheres, mas nenhuma durou o suficiente para ser considerada um relacionamento. Pouco tempo depois de chegar ao México – enquanto estava trabalhando na peça –, conheci uma mulher maravilhosa que era apresentadora de um programa de televisão de muito sucesso, e desde o momento em que a vi me senti atraído por ela. Além de ser uma das mulheres mais lindas que já conheci – alta, loira, elegante como uma primeira dama, com o estilo, o ar e a classe de alguém como Coco Chanel e com a beleza e a sensualidade de uma Brigitte Bardot –, é uma mulher inteligente, doce e atenciosa. Logo começamos a namorar, e ela virou minha companheira, minha amiga, minha tudo. O que tivemos foi uma coisa mágica, e teria erguido um trono para ela, porque para mim era a mulher perfeita. Adorava sentir o corpo dela contra o meu e quando o cabelo dela roçava no meu peito quando ela estava totalmente entregue, no seu próprio mundo, nosso mundo. Ela me amava, eu a amava, e tivemos muitos momentos de união total, completa. Era uma mulher incrível. Na verdade, a mulher perfeita.

No entanto, como a maioria dos garotos dessa idade, não estava pronto para a mulher perfeita. Era muito imaturo. Isso, aliado aos milhares de problemas que rodopiavam na minha cabeça, tornaram-me incapaz de me comprometer com ela, ou até mesmo comigo. Ela teria sido o amor da minha vida, mas, naquele momento, eu sentia que tinha de passar por outras experiências e viver mais. Ou pelo menos essa foi a justificativa que dei para mim quando não estávamos mais juntos.

Depois de terminarmos, passei alguns anos agindo como o típico macho alpha, um total conquistador. Era jovem e famoso, era artista, e me dediquei a sair com todas as mulheres que apareciam no meu caminho. Não me preocupava se eram solteiras, casadas, viúvas ou divorciadas. O que queria era me divertir e viver ao máximo. Queria me conhecer e experimentar coisas novas. Não sei se na época desejava provar alguma coisa para o mundo, ou para mim, ou se estava apenas deixando a situação fluir com toda a fúria e a euforia da adolescência. Ao longo desses anos, também tive experiências com homens – parte da minha experimentação –, mas nunca eram relacionamentos que duravam ou que tenham marcado minha vida de alguma maneira. Eram alegres, estimulantes, e eu me divertia imensamente, mas, depois, sempre faziam que eu me sentisse culpado, então não me permitia analisar ou avaliar o que estava acontecendo lá dentro. Estava vivendo tantas coisas e me divertindo tanto que me concentrei mais em *sentir* e menos em *pensar*.

Estava no meio desse redemoinho de relacionamentos quando caí nas garras da paixão com uma mulher maravilhosa, intensa, sensual e também proibida.

Ela era a antítese da primeira mulher que mencionei antes, mas igualmente forte, com muita personalidade e segurança, com uma perspectiva única da vida. Tudo relacionado a ela parecia ser chamejante – era uma megamulher. O problema é que eu não só gostava muito dela como ela me deixava *louco*. Em questão de dias virei um bobo: ela acendeu minha alma e me virou do avesso. Ela era como um veneno que despertava o meu lado animal. A atração, o desejo, a paixão física que eu tinha por ela me despedaçavam de todas as formas. A química transbordava. O cheiro do corpo dela era totalmente viciante e a pele, o suor, a língua, a excitação, o modo como se mexia, o modo como nos mexíamos juntos... A coisa toda me deixava enlouquecido. Ela odiava os seios, mas eles me deixavam louco. Adorava olhar para o corpo dela; era como uma pintura que eu podia descrever em detalhes. As pernas e os pequenos dedos dos pés me incendiavam. Queria devorá-los – e sempre devorava. Estava obcecado e fascinado por tudo nela. Ela era simplesmente incrível. O tempo que ficamos juntos foi como uma montanha-russa; ela despertou uma parte rebelde de mim, uma loucura e uma espontaneidade que me abriram e me libertaram, e até hoje sinto que ela foi um dos relacionamentos mais eletrizantes que tive.

Estava tão obcecado por ela que me deixava nutrir de todo tipo de sonho e ilusão sobre um futuro juntos. Mais cedo ou mais tarde, porém, teria de voltar à realidade e me perguntar: "Vamos, você não está vendo que é só um brinquedo para ela? Aproveite enquanto dura!".

O fato de ela ser casada – apesar de na época estar separada – era, claro, fonte de sofrimento constante para mim, mas acho que era também em parte o que me atraía tanto. Atração proibida deixa as coisas mais emocionantes. E ela era uma mulher perigosa e proibida, o que tornava tudo ainda mais irresistível. Mas, por mais que eu a amasse – e talvez por causa disso –, ela partiu meu coração. Um dia, quando pegou o telefone e ouviu minha voz, disse: "Gabriel, estou com dor de cabeça agora; quando acordar eu ligo".

Essa resposta foi como um balde de água fria na minha cara. Fingir que eu era o Gabriel, assistente dela, significava que ela estava dormindo onde deveria estar dormindo – com o marido. Naquele instante disse a mim mesmo: "Deu merda".

Desliguei o telefone sem dizer uma palavra e fiquei sentado lá. Gelado. Estava muito ferido. Passava por um momento que sabia que chegaria, ou, colocando nas palavras do grande Gabriel García Márquez, era a "crônica de uma morte anunciada".

Não vou negar que demorou algum tempo para tirá-la da cabeça. Apesar do estrago que causou, tudo o que eu conseguia fazer era pensar nela. Algumas vezes até esperava por ela na entrada do teatro onde trabalhava, só para vê-la por um instante. Quero dizer, se vamos perder a dignidade, não precisamos perdê-la totalmente, não é?

No entanto, por maior que seja a dor que se pode sentir, e por maior que seja o sofrimento a suportar, a vida sempre continua. Há um ditado persa que diz: "Isso também há de passar", e não podia ser mais verdadeiro.

CIDADE DOS ANJOS

Pouco depois disso, meu agente me ligou para dizer que a NBC queria que eu me mudasse para Los Angeles para atuar em um programa de TV. Embora o México tenha me proporcionado muitas coisas extraordinárias, e de até hoje ter amigos que adoro lá, acho que estava pronto para uma mudança. A perspectiva de mudar para Los Angeles chegou na hora certa. Estava no México há quase cinco anos. Uma vida para quem, como eu, tinha passado tanto tempo na estrada.

O primeiro programa em que apareci na televisão americana chamava-se *Getting by*. Infelizmente, o programa foi rapidamente cancelado, mas não tive tempo de ficar preocupado, porque logo iria descobrir que havia, mais uma vez, escolhido o caminho certo. Quando o programa foi cancelado, fiquei livre em Los Angeles. O que poderia ser melhor para um jovem artista progredir no show business? Não precisei esperar muito, porque um dia meu agente me ligou e disse que a produtora executiva de *General hospital* queria me conhecer.

A ironia é que não foi através do meu papel em *Geting by* que ela me conheceu, mas sim porque tinha ido a um dos meus shows e adorado. Mais uma vez, a música estava abrindo as portas para um mundo que eu nem sequer estava procurando.

Nos Estados Unidos, diferente da América Latina, as novelas duram anos, até que um dia param de ter uma boa audiência e são canceladas. Ao passo que na América Latina elas duram alguns meses, um ano no máximo, nos Estados Unidos podem se prolongar praticamente para sempre, e muitas vezes contam a história de algumas gerações da mesma família. *General hospital* é um desses programas que existem há anos, é uma das novelas mais populares dos Estados Unidos, e sem dúvida uma das mais famosas. Fiquei espantado quando me chamaram, não só por ser uma grande oportunidade, mas também porque aparentemente já tinham decidido me contratar. Pediram-me para ler algumas páginas de um *script* diante de vários executivos da ABC, mas foi apenas uma formalidade, para depois ninguém dizer que eu não tinha feito um teste. Algumas horas depois, juntei-me oficialmente ao elenco.

Deram-me o papel de Miguel Morez, um cantor que cuidava de um bar durante a semana e nos fins de semana cantava. Fiz o papel por dois anos e meio, e durante esse período aprendi muito sobre o que é preciso para ser ator. *General hos-*

pital, porém, trouxe a devida quota de desafios. Entrei para o programa porque desejava sinceramente ir para o mundo de Hollywood. Naquela época, acreditava que queria ser ator, e apesar de meu papel em *General hospital* poder ter sido uma ótima porta de entrada, nunca me senti totalmente à vontade ao longo do tempo em que participei do programa.

Olhando para trás, talvez tenha sido apenas por eu estar em outra novela, mas, na maior parte do tempo, sentia que o trabalho que estava fazendo não era para mim. Não estava bem integrado ao elenco e muitas vezes me senti mal compreendido, inseguro, como se de alguma forma nunca fosse ser capaz de me encaixar naquele mundo.

O fato de ser tratado como estrangeiro também não ajudava. Já tinha dado a volta ao mundo três vezes quando cheguei a Los Angeles, e em todo lugar que eu ia as pessoas diziam que adoravam meu sotaque. No entanto, quando cheguei a L.A., comecei a achar que meu sotaque era horrível. As pessoas me diziam para ter aulas para diminuí-lo ou faziam comentários sobre como eu pronunciava essa ou aquela palavra de um jeito estranho. Tenho certeza de que tudo que me diziam não era com más intenções, mas mesmo assim me sentia ofendido. Excluído. Diferente. Talvez naquela época não fosse tão comum como hoje ver atores hispânicos na TV, e as pessoas não estivessem acostumadas a ver pessoas que não eram como elas. Não sei, mas era uma sensação muito desagradável para mim.

Além de estar incomodado com a situação no trabalho, havia todo tipo de coisas confundindo a minha cabeça. Foi nessa hora que o universo colocou outro grande amor no meu caminho – um amor daqueles em que você mergulha de corpo e alma, e dessa vez foi um homem, por quem quase desisti de tudo.

Nós nos conhecemos em uma emissora de rádio, e desde o primeiro momento foi como um encontro de almas – pelo menos foi como eu vi. Estava fora de Los Angeles então, e fui a uma emissora de rádio para dar uma entrevista. Logo que abri a porta do estúdio meus olhos deram de cara com uma das visões mais belas que eu já tivera. Ele era um homem muito bonito, é claro, mas eu já vira muitos homens bonitos na vida. Esse homem tinha uma coisa especial, muito especial; foi magnético. Foi como se nos conhecêssemos há muito tempo. Ele me entrevistou para o programa dele, e eu ficava me perguntando: "Estou sentindo uma vibração vindo dele, ou estou imaginando? Se o que estou sentindo é verdade, vou mergulhar sem medo". A certa altura, quando estava respondendo uma de suas perguntas (mais tarde, ele confessou que achava que as perguntas tinham sido realmente estúpidas, porque estava tão nervoso que não sabia mais o que me perguntar), olhei firmemente para ele, e, quando percebi que não desviou o olhar... *Boom!* Ele confirmou o que eu estava pensando. Trocamos telefones. Ele começou a ir me ver no hotel. Nós dois adorávamos música, assim como arte e literatura, e passávamos o tempo conversando sobre muitas coisas diferentes. Uma hora eu contava alguma coisa sobre música, enquanto ele dizia alguma coisa sobre literatura, e depois às vezes os papéis se invertiam. Tínhamos uma conexão física realmente intensa, e intelectualmente estávamos na mesma frequência. Quando ia vê-lo, éramos literalmente inseparáveis. À noite, ele ia trabalhar na emissora de rádio, e eu ficava na cama ouvindo a voz dele, enquanto ele me mandava mensagens sutis através das ondas de rádio. Foi especialmente significativo para mim, porque era sempre eu quem ia atrás das pessoas. Não sei se, por causa do que represento, as pessoas com quem estou às vezes se sintam um pouco intimidadas, mas seja com homens ou mulheres, sou sempre eu quem dá o primeiro passo. Sinceramente, ninguém nunca tinha me mandado mensagens em código pelo rádio antes! Era original e muito romântico. Durante o dia, eu fazia o que podia para estar com ele e agradá-lo, mas, à noite, ele contrabalançava no rádio. Sem que ninguém mais percebesse, tocava certas músicas e dizia coisas que só eu entendia. Ele bradava seu amor por mim nas ondas de rádio, mas o que era realmente incrível, poderoso, magnífico e arrasador, era que só eu sabia.

Algumas semanas depois, voltei para casa, mas continuamos o relacionamento à distância. Não era fácil, porque na maioria dos fins de semana um de nós precisava pegar um avião e viajar algumas horas para ver o outro. Mas eu o amava muito. Uma vez até sugeri que fugíssemos e deixássemos tudo para trás para ir viver juntos em algum lugar... na Ásia, na Europa, em qualquer lugar. Éramos jovens, e eu sentia de verdade que a melhor coisa que podíamos fazer era deixar nossos mundos para trás e irmos morar juntos. Não me importava com minha carreira, ou com o que aconteceria se contasse ao mundo que era gay. Nada mais importava.

Ele, porém, não se sentia da mesma forma.

"Ricky, você tem uma missão muito clara na vida", ele me disse. "Você move as massas. Você realmente tem impacto sobre as pessoas. Está em um ponto da sua carreira muito mais adiantado do que eu. Ainda tenho muito trabalho pela frente, e se alguma coisa ruim acontecesse entre nós, você inevitavelmente poria a culpa em mim, no fato de eu ter impedido você... E não posso deixar que isso aconteça."

Na época, as palavras dele me comoveram profundamente, mas ainda tentei convencê-lo, por todos os meios possíveis, de que precisávamos pelo menos tentar. Mas ele se recusou. No fim, acho que estava certo. Acabei acreditando que ele simplesmente não estava pronto para o relacionamento que eu queria que tivéssemos.

Pode ser que eu o amasse mais do que ele me amava, ou talvez ele ainda tivesse que se encontrar em alguns outros aspectos da vida dele. Quem sabe? O fato é que nós balançamos um ao outro. Enquanto estava com ele parei de ter medo da minha sexualidade, e estava pronto para enfrentá-la e anunciá-la para qualquer um e para todo mundo que estivesse disposto a ouvir. Foi por causa desse relacionamento que me assumi para a minha mãe. Quando acabou, ela percebeu que eu estava muito triste e perguntou: "Kiki, você está apaixonado?".

"Estou, Mami", respondi, "totalmente apaixonado."

"Aaaaah", ela disse. "E é por um homem que você está apaixonado?"

"Sim, Mami. É um homem."

Quando o relacionamento acabou, disse a mim mesmo que talvez esse não fosse meu caminho. Minha alma estava sofrendo; eu me sentia abandonado, sozinho, em pedaços. Tanto sofrimento não parecia ser natural, então meu instinto foi me convencer de que ficar com homens era um erro. Tranquei meus sentimentos mais profundamente ainda e comecei a namorar mulheres de novo, na esperança de que com uma delas finalmente encontraria o verdadeiro amor. Apesar de meu instinto me dizer para pensar no que aconteceria se eu resolvesse aceitar a minha sexualidade naquela altura da minha vida, na realidade vejo que isso não aconteceu porque não era a minha hora, e ainda havia muitas coisas para viver antes de chegar a esse ponto.

CRISE DE IDENTIDADE

O RELACIONAMENTO COM esse homem em particular me ensinou muito sobre emoções, mas nos anos que se seguiriam aprendi mais ainda. Aprendi que é muito fácil se perder no sofrimento. O sofrimento vem, seduz você, brinca com você, e você se identifica com ele a ponto de acreditar que a vida é assim. Quando se sente esse pesar no coração, na maior parte do tempo os parâmetros do sofrimento e do alívio ficam vagos, e é muito fácil ficar preso ao que já se conhece: o sofrimento. Perdemos a memória e esquecemos os momentos de paz em que tudo era claro e a gravidade era uma aliada. Tudo bem se sentir machucado – é humano. É importante sentir, mas você não pode se apegar à tristeza, à aflição ou à amargura por muito tempo, porque elas são inevitavelmente destrutivas.

Uma vez um amigo disse uma coisa que me ajudou muito: "Quando você estiver se sentindo preso e tudo parecer pesado, lute!". Isso é muito verdadeiro. É preciso lutar. É preciso sentir. É preciso ir em frente. Quando não estou no meu melhor momento, emocionalmente falando, a última coisa que quero é que as pessoas saibam como estou me sentindo. Meu avô sempre dizia: “Caminhe pela vida com as mãos nos bolsos, com os punhos fechados, assim todo mundo vai pensar que você está cheio de dinheiro”. Ele queria dizer que você nunca deve deixar as pessoas perceberem quando você está abatido. Acho que essa lição ficou comigo, porque até hoje prefiro não ser visto a deixar que alguém me veja quando estou abatido. Sou uma pessoa muito discreta, e sempre passei pelas minhas alegrias, sofrimentos e lutas só com umas poucas pessoas que fazem parte do meu círculo mais próximo. É claro que vivo, sinto e sofro, mas não faz sentido ficar carregando meu sofrimento por aí.

Dito isso, hoje sinto que sei como ter consciência da minha dor, e como superá-la, espiritualmente, com força e segurança. Ao longo da vida, pouco a pouco fui adquirindo o conhecimento espiritual necessário para dar um fim ao que quer que esteja me prejudicando, e ir em frente somente com as coisas que me fortalecem.

Sei, é claro, que sempre há espaço para melhorar, mas pelo menos parei de ter medo do sofrimento. Se eu o encontrar na minha vida – sei que sempre vai haver sofrimento e que não existe um jeito de erradicá-lo –, sei o que tenho de fazer para enfrentá-lo e para superá-lo com força e confiança.

No entanto, quando o relacionamento com esse homem acabou, estava me sentindo muito perdido, e toda a energia que tinha investido em amá-lo estava agora sendo investida em pensar. Eu hiperanalisava tudo. Tentei achar um sentido para o que tinha acontecido comigo. O que senti por ele foi muito forte, e o que me restou foi enfrentar o abismo aterrorizante da minha sexualidade. Não sabia o que fazer com todos aqueles sentimentos; estava com medo da intensidade deles e assustado por ter sentido aquilo por um homem. Assim como tinha me enchido de coragem para sair do armário por causa desse homem, ser rejeitado por ele solidificou todas as minhas dúvidas e temores. Já achava difícil ser latino em Hollywood; o que poderia ser mais difícil do que ser latino e gay?

Foi um momento muito profundo da minha vida, em que estava tentando decidir quem eu era. E quanto mais pensava, mais rejeitava a mim mesmo, porque não podia me render à minha verdadeira natureza; porque ela não era compatível com meus objetivos e minha visão. Até minha carreira estava passando por uma crise de identidade: não sabia se queria ser cantor ou ator e, apesar de ter a sorte de estar trabalhando como ator em Hollywood, na verdade havia alguma coisa dentro de mim que estava resistindo àquela experiência.

Inevitavelmente chegou o momento em que senti que não aguentava mais. Precisava mudar. Precisava escapar. Sentia que Los Angeles tinha me derrubado. Então, liguei para Wendy Riche, a diretora executiva de *General hospital* na época, e uma das pessoas mais maravilhosas que conheci ao longo do tempo que passei em Hollywood, e disse a ela: "Você vai dizer que sou louco e, sinceramente, estou me sentindo um pouco louco. Mas preciso de férias e preciso que me dê permissão para cortar o cabelo".

Naquele tempo eu tinha cabelo comprido, e no meu contrato havia uma cláusula que dizia que eu não podia modificar minha imagem de forma mais radical sem primeiro obter permissão dos produtores do programa.

"O *quê?*", ela gritou. "Meu Deus! Continuidade! Se você cortar o cabelo agora, vai aparecer de cabelo comprido em uma cena e curto na outra... Pelo amor de Deus, Ricky, não faça isso!"

A cena foi ainda mais engraçada porque eu estava ligando do cabeleireiro.

"Vou cortar!", disse para ela.

"Não!", ela gritou de volta.

Os cabeleireiros estavam morrendo de rir. Sinceramente, foi muito engraçado, mas também um pouco triste, porque o cabelo não era realmente o problema; era com minha identidade que eu estava lutando. Era como uma criança tendo um acesso de birra: tinha enfiado na cabeça que queria cortar o cabelo, como se isso fosse resolver qualquer ansiedade que tivesse, e ninguém ia me convencer do contrário (pelo menos era o que eu achava!). Felizmente, depois de discutir um pouco, vi as coisas de uma forma diferente e decidi ouvir a Wendy.

Apesar de ter sido obrigado a deixar meu cabelo comprido – mesmo que só por mais alguns dias –, consegui duas semanas de férias. E, considerando o quanto estava me sentindo desesperado naquela época, aquelas duas semanas de liberdade significavam muito. Aproveitei para ir para as montanhas, onde aluguei um chalé para me desconectar do mundo. Era fevereiro, e estava muito frio; alguns dias ia esquiar, outros ficava em casa e lia, escrevia e pensava. Tinha um telefone, mas eu o usava apenas esporadicamente para ligar para minha família ou meus amigos, para dizer que estava tudo bem.

Um dia, depois de algum tempo sozinho, senti necessidade de subir em uma árvore. Acho que me lembrei de quando era pequeno e costumava subir em uma árvore na frente da antiga casa da minha avó. Levava meus bonecos de *Star Wars* lá para cima e ficava horas inventando grandiosas cenas de batalha no espaço. Não sei se aquilo me fez lembrar minha infância ou se foi por ter passado tantos dias em silêncio, mas, de repente, comecei a chorar descontroladamente. Chorei e chorei por muito tempo, aos poucos liberei toda a angústia que estava ganhando força dentro de mim. Finalmente, quando me acalmei, voltei ao chalé, onde, pouco mais tarde, o telefone tocou: era meu pai ligando para avisar que meu avô tinha acabado de morrer.

Enquanto estava em cima daquela árvore, chorando e me lembrando da árvore da minha infância, a árvore que era uma parte tão ligada ao mundo do meu avô, ele tinha morrido! Percebi que todas as coisas na vida estão conectadas e não podia mais prosseguir sem olhar para dentro. Aquele momento me afetou profundamente e despertou alguma coisa em um nível puramente espiritual em mim. Apesar de não saber como ia fazer isso, senti necessidade de me conectar profundamente com uma força ou energia maior do que eu. Foi um momento de grande turbulência, mas hoje, quando olho para trás, vejo como um momento muito importante, porque marcou o começo de uma jornada espiritual fundamental que ainda estou fazendo até hoje.

FAZENDO MÚSICA

ANTES DE CHEGAR a Los Angeles, já tinha lançado meu segundo álbum, chamado *Me amarás*. Como o primeiro álbum vendeu muito bem, umas 500.000 cópias, a companhia fonográfica decidiu que para *Me amarás* seria importante eu trabalhar com um dos mais respeitados produtores da indústria, Juan Carlos

Calderón. Juan Carlos é uma pessoa excepcional, que respeito e admiro profundamente. Desde o dia em que começamos a trabalhar juntos, fiquei muito grato pela oportunidade de trabalhar com ele. Para mim foi um aprendizado trabalhar com alguém de sua estatura, mas, para ser sincero, sempre senti que aquele disco era mais dele do que meu. Emprestei minha voz a ele. Gostei do álbum e tive boa recepção da crítica, mas não era o som de Ricky Martin, e, apesar de o álbum ser realmente bom, musicalmente falando, o público em grande medida reagiu a isso.

Quando escuto o disco hoje, apesar de achar que minha voz soava muito diferente da de hoje, ainda me sinto imensamente orgulhoso da produção. Teria sido perfeitamente normal me sentir frustrado com a experiência, ou decepcionado por o álbum não soar meu, mas acho que naquele momento tive a capacidade de compreender que *Me amarás* era apenas mais um passo na minha carreira, e não o que a definiria. Às vezes, a experiência vale mais do que o resultado em si, e esse foi um caso assim. A experiência de trabalhar com Juan Carlos foi em si maravilhosa – aprendi muito do ponto de vista técnico e musical –, mas também me ajudou a perceber que nunca mais faria um álbum que me desse a sensação de não ser meu. Quando se está cercado de tantas pessoas talentosas, é normal começar a ter dúvidas sobre as próprias escolhas artísticas, mas para ser verdadeiramente um artista original, é crucial manter-se fiel a si mesmo. E essa foi a lição que aprendi. Meu terceiro álbum seria completamente meu.

Comecei a trabalhar com K. C. Porter, um produtor maravilhoso, e Robi Draco Rosa, ex-companheiro de Menudo.

Draco sempre foi um músico muito talentoso, um artista. Ele também era uma pessoa que eu sempre tinha admirado e foi uma agradável coincidência do destino reunir-nos depois de tantos anos. Desde então, Draco produziu muitos discos para mim. Exatamente como ele disse uma vez em uma entrevista: "Ricky Martin e eu somos como Julio Iglesias e Sid Vicious". O que ele faz comigo não tem absolutamente nada a ver com o que ele faz com sua própria música e suas apresentações no palco, e essa é uma versatilidade musical que não muitos artistas possuem. Ele sabe exatamente o que preciso e quando preciso. Dessa primeira colaboração com Draco e K. C. Porter nasceu *A medio vivir*. Esse foi o álbum, lançado em 1995, que tinha a famosa "Maria", uma música de que me orgulho muito e que foi, depois de tudo, a que me tornou uma estrela e mudou minha vida para sempre.

Na vida há sempre a tentação de querer tudo ao mesmo tempo, e *agora*. Quando buscamos um sonho, vemos tudo com muita clareza, e é normal querer que ele se torne realidade de imediato, ou pelo menos o mais rápido possível. Como todos sabemos, porém, as coisas nunca são simples na vida. O caminho em direção a um objetivo muitas vezes está cheio de obstáculos, e, ao superar cada um deles, há uma lição a ser aprendida. Se não tivesse aprendido tudo o que aprendi com *Me amarás*, talvez não estivesse pronto para trabalhar em colaboração com Robi e K. C. e realizar o que realizamos juntos em *A medio vivir*. Foi um álbum que mudaria minha vida de muitas maneiras, apesar de não saber disso na época. Assim, no início de 1996, minha carreira solo estava começando a realmente decolar, mas ainda faltava um passo decisivo antes de eu ficar cara a cara com meu destino. Dessa vez, o chamado veio de Nova York, especificamente da Broadway. Fui convidado para atuar no musical de sucesso *Les Misérables*.

Sou artista porque amo a música e adoro o palco. Nesse sentido, musicais fundem perfeitamente minhas duas paixões, atuar e cantar, e é por isso que vivi um dos momentos mais mágicos da minha vida na Broadway. Foi um desafio incrível, e toda noite estava cercado de indivíduos extremamente talentosos em uma atmosfera de criatividade absoluta. Fiz questão de absorver tudo e aproveitar cada momento.

Como muitas outras coisas na minha vida, *Les Misérables* entrou na minha vida de forma totalmente inesperada. Foi graças a uma entrevista que dei ao *Miami Herald*, em que me perguntaram: "O que você ainda não fez e realmente gostaria de fazer?".

Sem hesitar, respondi: "Gostaria de atuar em um espetáculo na Broadway".

Disse aquilo porque era verdade, claro, mas nunca imaginei o que viria depois. Poucos dias depois de a entrevista ser publicada, recebi uma ligação de Richard Jay-Alexander, diretor associado e produtor executivo de *Les Misérables*. Ele me disse que tinha lido o artigo, e sem muitos preâmbulos me ofereceu o papel de Marius Pontmercy.

Mais uma vez, não precisei fazer o teste. Eles não pediram nada. Simplesmente me deram o papel. E é claro que aceitei na hora.

Muita gente pode achar que é uma questão de sorte. No entanto, mais do que sorte, acredito que, depois de quase quinze anos trabalhando como um louco, tinha chegado a hora de colher os benefícios de todo meu esforço.

Assim começaram onze semanas diante de um teatro lotado, com lotação totalmente esgotada noite após noite. Mais tarde, fiquei sabendo que operadoras de turismo da América Latina até organizavam viagens para Nova York para seus clientes me verem no espetáculo. Que honra! Acho que foi o papel da minha vida e, se o oferecessem para mim de novo, aceitaria sem pestanejar. É comum ouvir alguns dos grandes atores de Hollywood dizerem em entrevistas que seus papéis favoritos foram na Broadway, e concordo plenamente. É uma experiência muito íntima e desafiadora, então, não me surpreende que muitos sonhem em passar por ela mais uma vez, mais outra vez e mais outra.

Uns oito anos depois de participar de *Les Misérables*, encontrei com Richard Jay-Alexander em um restaurante em Nova York.

"Marius, meu Marius! Você sempre vai ser meu Marius", ele exclamou. "Ricky, preciso dizer a verdade: Victor Hugo escreveu esse papel para você."

Não conseguia acreditar no que ele estava me dizendo. Richard é um cara bem informado e tem um dos níveis de exigência mais altos da indústria. Ainda mais sabendo como é difícil montar um espetáculo como esse! Fiquei muito lisonjeado com a opinião dele sobre mim.

BUSCANDO DEUS

DURANTE O VERÃO que passei na Broadway, conheci uma moça húngara que era cabeleireira do espetáculo. Passávamos horas conversando e eu realmente gostava dela. Sentia que meu coração dava um pulo cada vez que a via. Tentei convidá-la para sair de todas as maneiras possíveis e imagináveis, mas ela sempre me dava a mesma resposta: "Não posso sair com você enquanto não formos à igreja juntos". E, como gostava muito dela, disse: "Tudo bem, vamos". Então eu fui.

Como era verão, a igreja realizava as cerimônias no parque. Precisei acordar às sete da manhã – sete da manhã no domingo! – porque a cerimônia começava às nove. Passei para pegá-la e atravessamos o parque a pé até chegar ao local em que a cerimônia era realizada. Logo depois que chegamos, porém, ela desapareceu. Muitos jovens gentis se dirigiram a mim e me acolheram para a cerimônia, mas ela não estava em lugar nenhum. De repente, percebi que todos os homens estavam de um lado e todas as mulheres do outro. Achei muito estranho, mas estava lá porque queria conhecer melhor aquela garota, então fui em frente.

Apesar de ter ido à igreja porque estava atrás de uma garota, também sinto que cheguei lá porque era o que eu precisava naquele momento da minha vida. Passei pouco mais de dois meses indo à igreja, lendo a Bíblia e estudando assuntos religiosos. Apesar de ter sido criado como católico, nunca tinha realmente *estudado* a Bíblia, e foi ali que descobri de verdade como Jesus Cristo era sábio, e a grande beleza de seus ensinamentos. Minha vida até esse ponto tinha sido uma loucura total, e a simplicidade daqueles momentos partilhados com todos aqueles outros jovens me fizeram sentir muito bem. Era uma atmosfera muito pacífica, muito salutar, e me ajudou a me aproximar do menino dentro de mim.

Nos ensinamentos de Jesus Cristo encontrei um conceito muito importante: perdoar a si mesmo. Naquele tempo, eu estava constantemente lutando contra as coisas "ruins" que achava que tinha feito. Estou falando principalmente de desejo físico, seja por pessoas do mesmo sexo ou do sexo oposto. Eu achava, então, que esse tipo de pensamento era impuro e que não estava bem, e foi por isso que eu realmente precisei aprender a me perdoar. E isso trouxe-me uma calma monumental. Essa igreja também ensina a ver todos os seres humanos como "nossos irmãos" a fim de acabar com qualquer tipo de atração física. Isso funcionou por algum tempo, porque eu sinceramente não queria sentir o que estava sentindo, e não queria ter os pensamentos que estava tendo, que, de acordo com "a fé" e alguns códigos sociais, constituíam uma tentação do diabo.

A igreja começou a governar minha vida, e até cheguei a pensar em ser batizado, mas acabei não sendo. Para mim, era difícil mudar minha forma de pensar devido aos valores que estavam fortemente gravados na minha cabeça – afinal, uma vez católico, sempre católico –, mas eu sinceramente tentei.

Conforme fui avançando nos meus estudos, comecei a me fazer mais perguntas. Li a Bíblia inteira, até que, em um dos grupos que eu frequentava, alguém disse: "Se você não se arrepender dos seus pecados e aceitar Jesus Cristo como salvação, nunca vai entrar no reino do céu". A afirmação me pegou em cheio. Disse: "Espere um pouco. O que você quer dizer com isso? Quer dizer que todo mundo que amei intensamente e morreu não está no céu se ele ou ela não tiver aceitado Jesus Cristo como salvação?".

"Bem, sim", eles responderam, "precisamos rezar muito por essas almas."

Fiquei chocado. Meus avós eram santos. Foram pessoas que se dedicaram a ajudar outros seres humanos. Adoravam os filhos e eram dedicados à família; nunca mentiam e nunca quiseram prejudicar ninguém. Foram vidas cheias de amor e generosidade! E aquelas pessoas estavam me dizendo que, porque meus avós não iam à igreja, eles não estavam no céu? Se esse era o caso, ficou claro para mim que não queria mais ir para o céu. Queria ir para onde meus avós estivessem.

Comecei a me fazer outras perguntas: o que acontece com outras pessoas que não têm a mesma fé? Elas também não estão no céu? Achei (e ainda acho) que esse tipo de afirmação se baseava em uma boa dose de arrogância. Para onde judeus, muçulmanos, católicos, budistas, taoístas, americanos nativos, ateístas, agnósticos vão? Estão presos no nada? Acho que minhas perguntas eram muito válidas. Podem parecer um pouco abstratas para alguns, mas, definitivamente, eu as considerava válidas.

Vi-me diante de um conflito que para mim era irreconciliável. Continuei estudando e comecei a encontrar outras coisas que me deixavam pouco à vontade nos ensinamentos daquela igreja; por exemplo: sua posição sobre o homossexualismo. Apesar de não saber que era homossexual – ou, para ser mais preciso, estava tentando a todo custo me convencer de que não era –, sabia que algumas pessoas de quem gostava eram homossexuais, e com certeza não eram más, indignas do amor de Cristo. Todas essas percepções me deixaram muito nervoso; fiquei preocupado e ansioso. Finalmente, percebi que o cristianismo não é isso. Tinha passado meses lendo sobre a história de Jesus e percebido que, além dos ensinamentos Dele, havia uma série de leis criadas pelos seres humanos que nem sempre faziam sentido para mim. Se Jesus Cristo é um ser compassivo, não fazia sentido dizer que as pessoas que não acreditavam Nele, ou não agiam como Ele agia estavam erradas ou destinadas a atravessar os portões do inferno. Então, no fundo, senti que estava sendo atacado pessoalmente quando me disseram: "Se você é homossexual, você é filho do diabo". Essa parte simplesmente não funcionava para mim.

Que terrível ironia! Eles me atacam, mas me amam; eles me aceitam, mas me excluem. Falam de homossexualidade como uma coisa que pode ser "curada" através da oração e reparação, como se fosse algo ruim, quando de fato homossexualidade é uma bênção da mesma forma que a heterossexualidade e a vida em geral são bênçãos.

Cheguei ao ponto em que havia contradições demais. Então, parei de ir àquela igreja e percebi que outro capítulo da minha vida estava sendo concluído. Sou grato pelas coisas que aprendi naqueles meses, mas vi que aquilo não estava me dando as respostas de que precisava. Tive muitos momentos espirituais, mas também muitos atritos. Foi mais um passo no caminho, mais uma lição. Minha jornada espiritual estava apenas começando, e ainda havia muitos passos a serem dados antes de encontrar a paz e a aceitação de que precisava.

Com o tempo, aprendi que a vida tem um jeito engraçado de me chacoalhar quando mais preciso. Na hora, nem sempre percebo, e muitas vezes resisto, mas na verdade aprendi que o que preciso fazer é me abrir para os desafios que estão por vir

– porque esses mesmos desafios me permitem crescer, aprender e mudar. Em vez de resistir à mudança, escolhi buscá-la e aceitá-la, porque, por mais assustadora que possa parecer, ela vem com um espectro infinito de novas possibilidades.

O destino é curioso. Nem sempre nos leva para onde queremos ir, e muitas vezes acaba nos levando a um lugar inesperado em que nos sentimos confusos, perdidos, sem ter ideia de para onde ir em seguida. Esses são momentos complicados e dolorosos, que nos fazem sofrer e questionar quem somos, e também tudo o que mais queremos na nossa vida. Mas, se realmente fizermos um esforço para ver esses desafios como oportunidades para nos encontrar, vamos compreender que era exatamente disso que precisávamos para descobrir e fortalecer nosso papel neste planeta. É assim que vejo, e é assim que encaro cada oportunidade e cada desafio que a vida me traz.

Acredito que tudo acontece por um motivo. Também acredito que Deus – para dar um nome – vive dentro de mim e se incumbe de me dar tudo de que venha a precisar. Todas as minhas alegrias e sofrimentos me fizeram quem sou. São o *yin* e o *yang* da minha existência, essa inseparável dualidade, que se harmoniza e faz de nós a pessoa que estamos destinados a ser. Conheci amor e perda, alegria e tristeza, amizade e traição. Conheci um sentido de sucesso que nunca poderia ter imaginado ser possível; precisei resistir aos ataques e acusações de meus detratores; e, sim, também tive fracassos. Hoje sei que cada passo me ensinou alguma coisa e me ajudou a crescer e me tornar uma pessoa melhor e mais forte – um ser humano mais completo.

Foi incrível me sentar e pensar sobre tudo o que aconteceu depois do Menudo. Estava andando em círculos quando não sabia o que queria fazer da minha vida. Mas aos poucos meu caminho começou a se revelar, e descobri como a própria vida estava me levando em direção aos meus objetivos, ao meu destino. Enquanto isso estava acontecendo, nem sempre compreendi que precisava passar pelo que passei, mas com o tempo pude ver que tudo tem um motivo. Pude ver que uma única experiência, boa ou ruim, não determina tudo, e que a coisa mais importante é sempre estar alerta para as várias oportunidades que surgem. Todo caminho tem sua devida quota de solavancos, e por mais dolorosos e difíceis que possam ter sido, foram cruciais para o meu crescimento e maturidade como pessoa e como artista. Ainda tenho um longo caminho pela frente, mas, depois de *Les Misérables,* finalmente senti que tinha as ferramentas para seguir adiante. Sentia-me forte, poderoso, invencível. Os pequenos solavancos que enfrentara não eram nada em comparação com a sensação de triunfo por ter conseguido me desenvolver criativamente como artista, em gêneros tão diferentes como televisão, cinema, teatro e música. Todas essas experiências aos poucos me transformaram em uma pessoa muito mais completa do que era quando deixei o Menudo e me ensinaram que o mais importante é permanecer leal a si mesmo e viver com a convicção de que cada um de nós está destinado a alguma coisa extraordinária. Isso foi apenas o começo.

TRÊS

MINHA VEZ DE BRILHAR

Algumas pessoas acreditam que não deveríamos ter tudo ao mesmo tempo, mas eu discordo. Em vez disso, acho que não deveríamos ter tudo até estarmos realmente prontos. E, para estar pronto, é preciso trabalhar. Muito. Não estou só me referindo ao trabalho prático, do tipo que nos ajuda a alcançar o sucesso profissional desejado. Também estou falando de trabalho espiritual: precisamos aprender com as lições cármicas postas pela vida em nosso caminho.

Na minha vida, chegou um momento em que as estrelas se alinharam perfeitamente e tudo estava justo no lugar necessário para eu poder alcançar o objetivo com que sempre sonhara, e mais ainda. E se aprendi alguma coisa ao longo do processo é que, quando finalmente chega a sua hora, você não pode permitir esperar e olhar para trás. É preciso trabalhar incansavelmente, dar tudo que você tiver e se dedicar de corpo e alma para concretizar a bênção que lhe foi entregue. Porque é exatamente isso – uma bênção. Precisamos crescer diante das circunstâncias e aproveitar ao máximo a oportunidade de brilhar.

Minha fama no mundo do entretenimento não chegou de forma inesperada. Apesar de, para o público de alguns países, poder ter parecido que surgi do nada e comecei a vender álbuns loucamente, a realidade é muito diferente. Minha ascensão ao topo das paradas veio depois de muitos, muitos anos de trabalho árduo e dedicação, tanto minha como de toda minha equipe. De um ponto de vista bastante espiritual e pessoal, tivera tempo para descobrir o que queria fazer da minha vida e que direção queria tomar. Sentia-me pronto e forte, preparado para enfrentar todos os desafios com que a vida pudesse me aquinhoar. Apesar de estar pronto para tudo que estava por vir, nunca poderia ter imaginado a sua extensão e o quanto aquilo viria a afetar todas as áreas da minha vida.

O ESTRONDOSO SUCESSO MUNDIAL

O PERCURSO COMEÇOU no outono de 1995, com o lançamento de meu terceiro álbum, *A medio vivir*. O primeiro single a ser lançado chamava-se "Te extraño, te olvido, te amo" ("Sinto tua falta, te esqueço, te amo"), uma canção de amor do tipo de música que eu estava fazendo na época. No entanto, o álbum também tinha uma preciosidade secreta: uma música chamada "María". Nessa música, fundimos ritmos latinos e pop; ela tinha um ritmo e uma vibração diferentes de todo o resto do disco, mas também era totalmente diferente de qualquer outra coisa que eu tinha feito antes. Sabia que havia um certo risco em lançar um material tão diferente, mas os resultados falaram por si: "María" foi a música que me impulsionou ao estágio seguinte.

O espantoso é que, quando toquei a música pela primeira vez para um executivo da gravadora, ele disse: "Você enlouqueceu? Você arruinou sua carreira! Não acredito que está me mostrando isso. Você está acabado – este vai ser seu último disco".

Lembro que foi tudo completamente surreal. O cara explodiu completamente, sem um motivo real e sem me conceder o benefício da dúvida. Não acreditava no que estava ouvindo e, nem preciso dizer, fiquei arrasado. Apesar de realmente gostar da música que havíamos produzido – na verdade, tinha adorado –, ouvir aquelas palavras da boca de um alto executivo da gravadora me fez duvidar de mim mesmo e do trabalho que havia feito. Ele nem sequer era músico, então tenho certeza de que não tinha a menor ideia de como é difícil se trancar em um estúdio e fazer música, tudo por que é preciso passar, emocionalmente falando. Para mim, música é um processo muito pessoal, então, me senti sendo atacado pessoalmente em um dos meus momentos mais vulneráveis, e tomei tudo o que ele disse para o lado pessoal. Até cheguei ao ponto de imaginar que minha carreira tinha acabado, que nunca mais iria poder fazer um disco ou me apresentar ao vivo no palco; aquilo nunca tinha acontecido comigo antes.

No entanto, apesar do medo que esse homem horrendo incutiu em mim, fiquei quieto. Não disse uma palavra, nem para ele nem para ninguém. Passei alguns dias ansioso, mas meu consolo veio uns dias depois, quando o chefe daquele indivíduo odioso selecionou a música para ser lançada como single. O resto, é claro, virou história. "María" se tornou um dos singles mais vendidos na França, Espanha, Alemanha, Bélgica, Holanda, Suíça, Finlândia, Itália, Turquia e em toda a América do Sul, onde, desde o momento do lançamento, disparou direto para o topo das paradas. No início de 1996, ela estava entre os dez singles mais vendidos e foi posta à prova quando a cantei no Festival Internacional de Música de Viña del Mar, e o famoso *monstruo de la quinta Vergara*[1] não me devorou. Pelo contrário: a música foi um grande sucesso, arrasou.

Foi muito emocionante. Quando vimos como a música e o álbum estavam indo bem, saímos em turnê por toda a América Latina. No fim da turnê, voltei para Nova York, onde fui direto para meu papel como Marius Pontmercy em *Les Misérables*, e passei aquelas semanas fantásticas no teatro. Então, aconteceu uma coisa muito interessante. Enquanto estava no palco toda noite na Broadway, gente do mundo inteiro estava cantando e dançando ao som de "María". A música depois atravessou o Atlântico e chegou à Europa via Espanha. Durante o verão e o outono de 1996, a música continuou a fazer cada vez mais sucesso, e foi graças a ela que fiz um concerto na avenida 9 de Julio, em Buenos Aires, na Argentina – o que é como se apresentar no meio da Times Square em Nova York ou nos Champs-Élysées em Paris. Esperávamos muita gente, mas nunca poderíamos ter previsto que mais de 250 mil pessoas apareceriam! Foi incrível, e foi uma explosão quando me tornei um só com a plateia. A tomada que fizemos naquele dia mais tarde foi imortalizada em um dos vídeos para a música "María". O público argentino foi fantástico, e vou me lembrar daquele dia para o resto da vida. O calor com que fui recebido não só fez

[1] A plateia do Festival de Viña del Mar, no Chile, é a única do mundo que tem um nome especial – "el monstruo". Isso cria uma expectativa nas pessoas que vão ao show. Elas aproveitam a oportunidade, por menor que seja, para mostrar seu descontentamento, vaiando os artistas que não estiverem agradando, às vezes até os expulsando do palco com vaias. Quando isso acontece, eles dizem brincando que "o monstro comeu" aquele artista.

sentir realizado quanto ao trabalho que tinha feito, mas também foi um sinal claro de tudo o que vinha pela frente.

O agora infame *boom* latino só iria surgir alguns anos depois, mas, naquele mesmo mês, o jornal argentino *El Clarín* adiantou-se muito à tendência ao publicar um artigo sobre a febre latina que, segundo ele, estava começando a se espalhar pelos Estados Unidos. Fui citado como um dos artistas introdutores dos ritmos latinos a públicos que não falavam uma palavra de espanhol. Mais tarde, quando o fenômeno chegou com tudo, estourando por todos os cantos do planeta, o artigo revelou-se profético.

Naquela época, e em grande medida graças ao show fenomenal em Buenos Aires, sentia que tinha o total apoio do público latino-americano. Muitos dos meus fãs me conheciam dos tempos de Menudo, e todos tínhamos crescido junto. Outros eram novos admiradores, que só me conheciam como artista solo. O apoio do público latino-americano sempre foi fonte de grande inspiração e orgulho para mim, mas, naquele momento, com tudo aquilo acontecendo à minha volta, sentia que alguma coisa imensa estava para acontecer. Queria ampliar meus horizontes e alcançar novas plateias pelo mundo, incluindo Estados Unidos e Europa. E parecia que, quanto mais eu queria isso, mais oportunidades apareciam.

Minha carreira estava em ascensão, e não ia deixar que nada atrapalhasse meu caminho – nem mesmo um acidente de carro nas montanhas da Itália.

Em 1997, tive a honra de ser convidado para o consagrado festival de música de San Remo. Aterrissamos em Milão, e o planejado era irmos de helicóptero para San Remo, mas, quando chegamos às montanhas, o céu fechou e o piloto disse: "Não vamos conseguir. Vou pousar com o helicóptero para vocês prosseguirem de carro".

Não tínhamos muito tempo, e a última coisa que queríamos era chegar tarde, porque seria desrespeitoso. Então, logo que pousamos, seguimos de carro em alta velocidade para chegar a tempo. A verdade é que estávamos correndo muito, a uns 190 quilômetros por hora, os pneus cantando a cada curva. De repente, chegamos a uma curva que o carro simplesmente não aguentou, e capotou! Mas, como acabei de dizer, não ia deixar nada atrapalhar meu caminho. Tão logo nos certificamos de que nenhum de nós tinha mais do que uns arranhões e umas contusões, pegamos todo o equipamento e tomamos um táxi. Finalmente, chegamos ao tapete vermelho, um pouco abalados, mas em tempo. "Tudo bem?", perguntaram-nos. "Sim, sim, sim!", respondemos. "Perfeito." Depois, meu agente disse à imprensa que o carro tinha derrapado e que tínhamos perdido a direção na chuva – embora a verdade fosse um pouco pior. Mas não íamos deixar um pequeno acidente de carro comprometer nossa presença em um festival de música europeu tão importante!

Quando "María" continuou a liderar as paradas ao redor do mundo, muitas pessoas começaram a perguntar quem poderia ser essa famosa "María". Queriam saber se era alguém que eu conhecia ou gostaria de conhecer. Todo mundo tinha uma teoria, e as teorias das pessoas eram hilárias! Por exemplo, Charly Garcia (uma lenda da música na América Latina; eu o chamo de Grande Mestre do Rock en Español) disse em uma entrevista: "Acho que Ricky Martin está fazendo apologia das drogas". Veja bem, a letra da música diz "Assim é Maria, branca como o dia... e se você beber dela, com certeza ela vai matá-lo". E para Charly Garcia, aparentemente, essa frase se referia à cocaína. Uau. Só o fato de Charly Garcia falar sobre uma música minha em uma entrevista era uma honra enorme. Que o Grande Mestre do Rock en Español tinha prestado atenção na minha música era sinal de que eu estava fazendo alguma coisa direito.

Não preciso dizer que a teoria de Charly não estava certa. Cantei, dancei e interpretei a música em muitos shows, mas, até Charly fazer a ligação com drogas, a ideia nunca tinha passado pela minha cabeça! Essa interpretação mudou completamente a forma como eu via minha música. E é exatamente isso que acontece quando entregamos uma música para o mundo: ela se torna propriedade de todos e todos têm o direito de interpretá-la e vivê-la como acharem que devem. Mais tarde, acabaria achando graça, porque, na verdade, uma vez que se entra no assunto cocaína, dá muito pano para manga.

Se as pessoas dançavam porque achavam que a música era em louvor a drogas, ou porque achavam que conheciam a María de que a música falava, o certo é que todo mundo que a ouvia dançava. E era muita gente! Naquele verão, fiz uma turnê de shows na Espanha, uma sequência de 45 apresentações em 36 cidades. Depois, em dezembro, fiz quatro shows na França e na Suíça, começando em Paris. "María" já estava entre as dez mais lá e na Itália. Também recebeu disco de ouro na Suíça, Suécia, Inglaterra, Bélgica e Grécia. A música foi se espalhando por todo o continente, e eu a seguia. No total, o álbum *A medio vivir* vendeu mais de sete milhões de cópias em todo o mundo, um número surpreendente comparado aos meus números anteriores. Mais tarde, shows e sucesso nas paradas se seguiram em muitos outros países, e, toda vez, era "María" que continuava a me abrir as portas.

Enquanto "María" conquistava o mundo, em 1997 voltei ao estúdio para gravar meu disco seguinte. Como tudo mais na vida, a música tem sua própria trajetória, e tudo tem sua hora. Queria lançar outro disco antes de o entusiasmo do público por *A medio vivir* começar a se dissipar, mas não queria desaparecer totalmente durante o processo. Então, continuei fazendo shows e promovendo *A medio vivir* em novos mercados enquanto gravava *Vuelve* (Volte). Foi brutal e incrivelmente intenso. Quando se está gravando um disco, é preciso uma certa dose de espaço para se concentrar, pensar e se conectar com o lado criativo. Mas, quando se está em turnê, é preciso dar tudo de si. A contradição permanente entre esses dois estados foi, para mim, totalmente esgotante.

Não pude descansar muito, porque logo outra porta se abriu. Quando estávamos quase acabando de gravar *Vuelve*, fui procurado pela Fifa: queriam saber se eu estava interessado em criar uma música para a Copa do Mundo de 1998, planejada para acontecer na França. Devo admitir que o desafio me deixou um pouco nervoso, mas o potencial de crescimento para minha carreira era tão grande que decidi aceitar. Mais uma vez, a vida estava me oferecendo uma oportunidade e corri logo ao seu encontro.

Imediatamente, juntei-me a K. C. Porter e Robi Rosa, que tinham trabalhado comigo em *A medio vivir* e agora estavam em *Vuelve*. Mas, para a música da Copa do Mundo, Desmond Child também se juntou a nós. Daquele momento em diante, começamos a ver o álbum como parte de uma estratégia global para promover a música latina no mundo inteiro. Escolhemos as músicas e fizemos os arranjos com a missão exclusiva de fazer todo o globo dançar e cantar em espanhol. Era uma oportunidade única para apresentar os encantos da música latina ao resto do mundo.

E foi assim que embarcamos nessa aventura. O single que resultou desse empreendimento em colaboração foi "La copa de la vida" ("The cup of life"), que foi o hino oficial da Copa do Mundo de 1998. Foi um imenso sucesso, que alcançou primeiro lugar nas paradas em mais de sessenta países. Outro sinal do que o futuro reservava.

Vuelve foi lançado em fevereiro de 1998, e, em abril, comecei uma turnê pela Ásia, começando por Tóquio. Mais de um ano depois, quando estava começando a encerrar a turnê, uma jornalista da revista *Rolling Stone* me perguntou: "Por que você escolheu esse caminho? Por que Ásia e Europa antes dos Estados Unidos?".

A resposta era fácil: porque esse era o caminho que a vida tinha oferecido. E tudo o que tinha de fazer era segui-lo.

A noite do dia 12 de julho de 1998 foi uma das noites mais importantes da minha carreira, e o tempo inteiro eu estava totalmente ciente de quanta coisa estava em jogo. Era a final da Copa do Mundo. Não só havia centenas de milhões de pessoas me vendo interpretar "The cup of life" na televisão em todos os cantos do planeta, mas também alguns dos nomes mais reconhecidos e respeitados da indústria do entretenimento estavam bem ali, no famoso Stade de France. Entre eles, Arnold Schwarzenegger, Michael Douglas, Luciano Pavarotti,

José Carreras e Plácido Domingo. Minha apresentação estava marcada para imediatamente antes do jogo, e deveria durar só quatro minutos. Isso significava que só tinha quatro minutos para transformar um quarto da população do mundo em fãs, ou talvez perdê-los para sempre.

Antes do show, eu estava muito nervoso. Apesar do fato de já ter feito toneladas de shows diante de centenas de milhares de pessoas em palcos e estádios pelo mundo todo, essa era a primeira vez que fazia uma coisa tão épica. E, por mais experiência que se possa ter, um palco como o Stade de France na noite da final da Copa do Mundo é mais do que intimidante. Era quase inimaginável!

Além disso, o que ninguém sabia – exceto os representantes da Fifa e um grupo de amigos mais próximos – era que a minha apresentação durante a cerimônia quase não aconteceu. A certa altura, a Fifa havia me dito que havia uma chance de eu poder me apresentar na final, mas, antes de terem oportunidade de confirmar, eu me precipitei e anunciei para a imprensa. Péssima ideia. A Fifa, é claro, deveria ter feito o anúncio, e eles ficaram bravos por causa do meu deslize. Muito bravos. Em vez de confirmar ou cancelar minha aparição, decidiram me punir deixando tudo sem uma decisão – até cinco dias antes do jogo, e o tempo todo não disseram uma palavra sobre a minha apresentação, nem para mim nem para ninguém mais. Eu, é claro, queria morrer. Realmente queria me apresentar, e não queria que um anúncio idiota na imprensa arruinasse aquela oportunidade! Eles finalmente me deram sinal verde, mas com uma condição: para o show, eu não teria palco, dançarinos, luzes nem efeitos especiais. Não teria nada das coisas que são o padrão para uma apresentação desse calibre. Eu deveria fazer uma apresentação global sem uma produção global, ou qualquer produção que fosse.

Eu, porém, fiquei tão feliz quando soube que eles tinham me confirmado que não me importava com mais nada. O mais importante era que eu ia me apresentar, e sabia que acabaria achando um jeito de transformar aquilo em alguma coisa espetacular.

E foi exatamente o que fizemos. No último minuto, ocorreu-me juntar uns vinte músicos e vesti-los com camisas brancas e calças pretas, para a plateia poder vê-los de longe. Entramos todos no campo de futebol, todos eles tocando seus instrumentos, e eu apanhei o microfone e gritei para a multidão: “Vamos lá, vamos fazer barulho!”.

Quando chegamos ao centro do campo, todo o nervosismo desapareceu e a mágica do acontecimento tomou conta de mim. Foram quatro minutos de pura euforia. O estádio estava cheio de gente do mundo inteiro, de pé, dançando com a música. Ao ouvir a multidão batendo palmas e gritando, senti uma imensa onda de alegria e força. Aquela apresentação, para mim, foi uma experiência única... um presente que a vida me deu. Mais um momento que jamais vou esquecer. Absolutamente tudo estava no seu lugar, e a adrenalina da multidão me fez compreender a razão de todo meu esforço e sacrifício. Tínhamos trabalhado como loucos para chegar a esse momento, e a vitória estava agora ao nosso alcance. Tinha me esfolado todo para derrubar muros e poder entrar no Menudo, tornar-me artista solo e ganhar o apoio do público latino-americano, asiático e europeu. E os aplausos e gritos naquela noite da

Copa do Mundo foram o lindo reconhecimento por todo esse trabalho árduo.

No entanto, não era hora de repousar sobre os louros. Todo o reconhecimento que recebi na França foi extraordinário, mas precisávamos seguir em frente. Não podíamos parar e aceitar a glória como um fato. Quando a vida dá uma oportunidade, é preciso dar tudo de si e mais um pouco. É preciso lutar e se esforçar para percorrer o próprio caminho. E foi exatamente o que continuei a fazer.

ATRAVESSANDO A FRONTEIRA

Depois de conquistar a Ásia, a Europa e a América Latina, decidi me voltar para os Estados Unidos e a minha chamada travessia da fronteira – a transição para o mercado de língua inglesa. E, para manter o pique, decidimos que, enquanto eu promovia *Vuelve* em uma turnê com 34 apresentações, também voltaria ao estúdio para trabalhar no meu primeiro álbum em inglês. Dessa vez, não me importava o que precisasse fazer, desejava conseguir tudo o que tinha estabelecido como meu objetivo. Isso significava que precisaria dar tudo de mim, e era assim que teria de ser. Os meses em que estava promovendo *Vuelve* enquanto gravava simultaneamente no estúdio foram incrivelmente intensos. Devo dizer que já tinha feito algo semelhante quando gravei *Ricky Martin* ao mesmo tempo que fazia a novela *Alcanzar una estrella*, e quando gravei *Vuelve* e promovia *A medio vivir*... mas, dessa vez, o disco que estava fazendo exigiu muito mais de mim. Com o sucesso de "La copa de la vida" era muito mais requisitado para dar entrevistas e autógrafos, e sempre tentava ter uma atitude afável, positiva e entusiasmada com relação a isso. Concordava de imediato. Se precisassem de mim para uma sessão de fotos para uma revista, dizia sim com avidez. Se quisessem que assinasse uma pilha gigante de CDs, respondia "É claro!"com voracidade. Se fossem requisitadas entrevistas, era sempre, sem dúvida, "sim, sim, sim", mas era exaustivo.

Dizia sim para tudo porque queria que o mundo inteiro – e, mais do que qualquer coisa, os Estados Unidos – prestasse atenção em mim. Essa travessia para o mercado americano significava tanto para mim que estava disposto a fazer absolutamente qualquer coisa para concretizá-la. No entanto, apesar de todo o entusiasmo com que buscava meu novo objetivo, já podia ver os perigos que se escondiam atrás dele. Com o sucesso de "María" e de "La copa de la vida", já vislumbrara como a fama de um artista solo realmente era, e não tinha gostado nem um pouco. Lembro-me até de mencionar isso em uma entrevista que dei nessa época para o *El Nuevo Herald*: "A cada dia que passa", disse, "tenho mais medo da fama." Era uma ironia, expliquei: quanto mais a conhecia, mais ela me assustava. E quanto mais me assustava, mais me atraía.

Nas profundezas da minha alma, sabia que precisava de um pouco de distância para descansar e pensar sobre tudo que estava acontecendo comigo, mas, por algum motivo, nunca parecia ser a hora certa. De fato, a certa altura pensei em uma licença sabática. Já tinha organizado tudo; o plano era me desconectar um pouco e ir viajar, mas naquele exato momento, enquanto estávamos em Singapura, em uma das paradas da turnê, meu agente ligou para me avisar que *Vuelve* havia sido indicado para um Grammy. E não era tudo: os organizadores queriam que eu me apresentasse ao vivo na noite da cerimônia de entrega. Assim, por mais que precisasse de descanso e tranquilidade, como poderia dizer não? Estava fora de cogitação. Um convite para se apresentar na entrega do Grammy é uma honra extraordinária, que muitos artistas não recebem em toda a carreira, e eu simplesmente não podia dizer: "Me desculpem, meus senhores. Obrigado por pensar em mim, mas vou tirar umas férias". Poderia ser a coisa certa a fazer, do ponto de vista pessoal e emocional, mas certamente teria sido suicídio para minha carreira. Tantas pessoas tinham apostado em mim – incluindo eu mesmo –, tantas pessoas tinham trabalhado sem parar por muitos anos para transformar meus sonhos em realidade, que não podia dizer não.

Se a Copa do Mundo tinha sido a plataforma para conquistar o resto do mundo, o Grammy seria a minha entrada para o mercado de língua inglesa dos Estados Unidos. Na época, não me importava tanto o show ser transmitido para milhões de espectadores em 187 países; o que achava importante era poder compartilhar minha música com as pessoas nos Estados Unidos que nunca tinham ouvido meu nome. Assim como na Copa do Mundo, essa era a minha hora de brilhar, e só teria alguns minutos para causar impacto: minha apresentação não poderia ser nada menos do que eletrizante.

Sempre achei totalmente normal ficar um pouco nervoso antes de um show. De fato, até acho saudável, porque, se eu não estiver nervoso, significa que o que estou prestes a fazer deixou de ser um desafio. E como pode a vida ser realmente interessante se não desafiarmos a nós mesmos e saltarmos para fora do que já é conhecido? No caso do Grammy, porém, conforme a noite do dia 26 de fevereiro de 1999 se aproximava, percebi que estava preocupado, estressado e com uma sensação de pânico. Tinha dúvidas sobre se conseguiria impressionar a plateia, se gostariam da minha música... até que precisei dar um fim nesses sentimentos contraditórios e disse a mim mesmo: "Espere aí! Você faz isso há quinze anos. Então, faça o que sabe fazer, e faça bem!". Permiti-me lembrar disso, e foi como encontrei a força de que precisava para me apresentar com minha segurança usual. O show foi bem. Muito bem, na verdade. Disseram-me que o que aconteceu naquela noite nunca tinha acontecido na história do Grammy. Tinha decidido cantar uma versão um pouco modificada de "La copa de la vida", à qual tinha acrescentado algumas frases em inglês. E, dessa vez – ao contrário da Copa do Mundo –, tínhamos um palco deslumbrante, com todo o aparato necessário: músicos, dançarinos, luzes e efeitos especiais. Foi um show espetacular em todos os sentidos possíveis, e empenhei toda a minha energia, carisma e emoção que tinha para dar... e muito mais! Os músicos chegaram ao palco atravessando os corredores do auditório, o que imediatamente conectou a plateia com a música, e as pessoas começaram a dançar e aplaudir nas suas poltronas. Quando estávamos tocando a última nota, aquela multidão composta por profissionais – músicos, compositores, cantores, artistas e executivos – me aplaudiu de pé e me ovacionou como nunca, nunca tinha visto antes. Fiquei completamente fora de mim com a intensidade deles – foi como receber uma bênção de um público que respeito imensamente. E esse foi outro momento de que vou me lembrar para o resto da vida.

Quando o aplauso finalmente se acalmou, as câmeras cortaram para Rosie O'Donnell – a anfitriã da cerimônia – que parecia surpresa. Ela ficou quieta por um instante, e, depois, baixinho, disse: "Quem era aquele fofucho?".

Poucos momentos mais tarde, voltei ao palco para receber o primeiro Grammy da minha vida, por *Vuelve*, o de Melhor Álbum de Música Pop Latina. A primeira coisa que fiz foi rir, provavelmente porque também ainda estava um pouco atordoado. Então, disse: "Ganhei um Grammy!". Mais uma vez a reação da plateia foi extremamente positiva, e eu fiquei travado em algum lugar entre alegria e choque. Eles provavelmente estavam se perguntando: "Quem é esse cara?". Era a primeira vez que a maior parte dos membros da plateia me via, e agora eu estava no palco recebendo o prêmio de maior prestígio da indústria fonográfica!

Embora prêmios não sejam tudo, poder estar diante dos companheiros de profissão e do mundo com um Grammy nas mãos e ter a oportunidade de agradecer a todos os envolvidos no álbum por seu trabalho árduo e dedicação foi muito emocionante. Tantas pessoas dedicam seu talento, tempo e esforço na elaboração de um álbum que agradecer-lhes publicamente ao receber um prêmio é sempre uma bela forma de mostrar a elas a gratidão que legitimamente merecem.

E, como se não fosse o suficiente para uma noite, depois do show, enquanto estava respondendo a perguntas da imprensa nos bastidores, a Madonna veio e se colocou atrás de mim. Cobriu meus olhos com as mãos e me deu um beijo. "Só estou aqui para cumprimentar você", disse. E depois desapareceu tão rápido quanto tinha aparecido. Uau! A Madonna! Isso eu não poderia jamais ter imaginado.

No entanto, mais uma vez, não era a hora de recolher os louros, nem descansar, nem mesmo comemorar. Em vez de desfrutar a glória do meu "momento Grammy", naquela noite peguei um avião para a Itália, porque tinha um compromisso prévio – um exemplo perfeito de como minha vida estava caótica naquele momento.

A AVALANCHE

Tinha trabalhado quinze anos para ganhar aqueles quatro minutos no palco do Grammy, o que me permitiu alcançar meu objetivo – chacoalhar o mundo musical americano e abrir a cabeça dos falantes de inglês para os ritmos da música latina. Mais ou menos nessa época, o *New York Times* afirmou que eu havia "incendiado a música pop" e que com meu desempenho no Grammy tinha me estabelecido como o "símbolo do novo *status* que a cultura latina ocupa nos Estados Unidos em geral". Veja, naquela época, a comunidade latina dos Estados Unidos crescia a taxas impressionantes, e meu sucesso musical em certa medida estava refletindo exatamente essa mudança, e se alimentado dela. A cultura latina estava começando a seduzir os Estados Unidos e modificar as preferências musicais de seus habitantes.

Poucos meses depois da cerimônia de entrega do Grammy, lancei meu primeiro álbum em inglês, chamado *Ricky Martin*, igual ao meu primeiro álbum solo. Ele estreou em primeiro lugar e vendeu mais de 660 mil cópias na primeira semana, só nos Estados Unidos, quebrando um recorde. Não só foi o álbum mais vendido naquela semana, como foi uma das maiores vendas do ano inteiro em uma semana. Nunca imaginei que o álbum seria um acontecimento tão grande; e, apesar de vir me preparando para esse momento a vida inteira, quando ele finalmente chegou, pegou-me de surpresa. Do ponto de vista profissional, estava totalmente pronto para ir tão longe, e até mais longe, mas, na esfera pessoal, fiquei profundamente abalado. Foi tudo tão grande e tão rápido que não sabia para onde olhar. A vida se precipitava sobre mim como uma avalanche.

Primeiro, foi a noite da entrega do Grammy, com a apresentação espetacular e meu primeiro Grammy. Depois, o lançamento do meu primeiro álbum em inglês e, logo em seguida, o single de "Livin' la vida loca" estreou em primeiro lugar nas paradas de vinte países. Naquele ano, a música chegou ao primeiro lugar na lista das mais vendidas nacionalmente da revista *Billboard*, primeiro lugar nas paradas americanas, primeiro lugar nas paradas da América Latina, primeiro lugar das mais vendidas latinas, e assim por diante. Mais tarde, a turnê promocional começou com grande impacto: foi um furacão de CDs autografados, entrevistas na imprensa, sessões de fotos... uma explosão! E, por fim, estava na hora de começar a turnê de shows. A recepção foi inacreditável. As entradas para 25 shows nos Estados Unidos começaram a ser vendidas no mesmo dia, e esgotaram em oito minutos, literalmente a maior velocidade que o sistema de vendas permitia. Como resultado, precisamos acrescentar shows adicionais em muitas cidades, e a turnê não somente foi estendida nos Estados Unidos, mas mostrou-se um sucesso enorme também globalmente. Uns quatro milhões de pessoas foram me ver ao vivo naquela turnê e, no total, o disco vendeu perto de 17 milhões de cópias no mundo todo.

A avalanche continuava. Não importava se estava cansado, com fome ou se queria tirar uma soneca. Sempre que dizia "Preciso descansar", meu empresário vinha com "Só mais uma coisinha. Só uma, e pronto". Não que ele fosse má pessoa, mas o problema é que sempre tinha uma coisinha ou outra para fazer! E como qualquer coisa que fizéssemos produzia resultados assombrosos, eu sempre queria fazer mais. Por exemplo, um dia vinham me dizer: "Ricky, o Pavarotti ligou. Ele quer fazer um dueto com você". Quem poderia dispensar a honra de um dueto com Pavarotti? Então, a resposta era sim. Era tamanha a honra! Sempre aceitava. Então, pouco depois, recebia uma ligação dizendo: "Ricky, Giorgio Armani ligou. Ele quer jantar com você". O sr. Armani – é claro que eu simplesmente não podia dizer não. Eu sempre dizia: "Tudo bem, só dessa vez, mas, por favor, não me venha com mais nenhuma proposta". Meu agente prometia nunca mais propor nada, mas mais tarde voltava e dizia: "Ricky, mil desculpas. Eu disse que não iria aparecer com mais nada, mas o Sting ligou e queria você em um concerto beneficente que ele está organizando...". O que podia fazer? Quem em sã consciência recusaria esse tipo de convite? No meio de toda aquela loucura, "Livin' la vida loca" acabou se revelando tudo que a Sony esperava, e mais. Naquela época, a empresa estava com problemas financeiros e precisava de mais do que um bom sucesso – precisava de um estouro. Com o empurrão promocional que deram a "Livin' la vida loca", estavam esperando alguma coisa explosiva, mas o resultado estava mais para nuclear. Vendo a salvação ao alcance, queriam ir o mais longe possível, então, criaram uma campanha de divulgação global agressiva e abrangente. O único problema era que a única pessoa que, no fim das contas, precisaria levar tudo a cabo seria eu. E, apesar de ter sido exaustivo, posso dizer sinceramente que nunca reclamei. Entreguei-me completamente à tarefa e vivi a coisa toda como um sonho.

Muitas vezes me perguntam o que acho ter sido a causa do sucesso de "Livin' la vida loca". Apesar de em parte ter sido porque o mundo estava pronto para uma coisa nova, acima de tudo, acho que todas as peças estavam perfeitamente no lugar. Tinha um agente maravilhoso, uma gravadora excelente, uma equipe de produção fantástica, e todos nós estávamos ligados na mesma frequência e no mesmo mantra da vitória enquanto íamos avançando. Além disso, tinha um ótimo álbum nas mãos; quando o ouço hoje, percebo como é realmente uma produção incrível, e, no fim, isto é realmente o mais importante: a música. A música pode transcender fronteiras e derrubar barreiras entre pessoas e culturas. Nesse caso, ela falou por si mesma.

Chegaria até a dizer que, durante o processo de gravação da música, nós realmente fizemos mágica. Em "Livin' la vida loca" tive novamente a sorte de trabalhar com Draco Rosa e Desmond Child. Apesar de já ter feito alguns discos, logo percebi que trabalhar com Desmond Child está em um nível inteiramente novo. Desmond é um gigante musical: vendeu 300 milhões de discos; trabalhou com o Aerosmith, Bon Jovi, Cher, todos os grandes. Quando se trata de gravação, Desmond tem uma certa dinâmica e um senso único de foco: de algum jeito, ele transforma o processo de gravação em algo estruturado e sistemático, o que nos permitiu muita calma, porque assim não ficávamos cansados e podíamos deixar o processo criativo fluir. Começávamos o dia com aquecimento vocal. Depois, comíamos alguma coisa. Então, gravávamos um pouco. Em seguida, saíamos para dar uma volta. E depois voltávamos e tomávamos um café. Todo dia, sabia o que esperar, e isso me ajudou muito, porque pude concentrar meus pensamentos na minha criatividade, em vez de desperdiçá-los com a incerteza sobre o que aconteceria no dia seguinte, ou no próximo. Foi também a primeira vez que Draco trabalhou com Desmond, e havia uma coisa naquela colaboração entre nós três – o cosmos, o momento, os riscos que estávamos assumindo – que levou a resultados extraordinários. Ainda hoje, "Livin' la vida loca" é uma das músicas de que mais me orgulho.

Quando olho para trás, para os meses que se seguiram ao lançamento do álbum, lembro-me de trabalho, trabalho e mais trabalho. A onda que tinha começado a se formar com "María" e "La copa de la vida" se transformou em uma coisa gigantesca. Tinha que juntar todas as minhas forças para gravar vídeos, fazer a turnê promocional, preparar o show, e me dedicava dia e noite a fazer divulgação. Planejamos três meses de shows e eventos no Japão, Tailândia, Austrália, França, Inglaterra, Espanha, Porto Rico, Estados Unidos, Canadá e, é claro, no México. Como tinha fãs por todo o planeta, acabamos fazendo uma turnê mundial que durou mais de um ano, com 250 shows em 80 cidades, em 35 países.

Naquele ano, "Livin' la vida loca" foi indicada para quatro prêmios Grammy, colocando-me na dianteira do fenômeno que foi batizado de *Boom* Latino. Não era mais só uma questão do avanço da minha carreira; a questão agora era a presença inesperada da música latina no palco global. Minha vida nunca mais seria a mesma.

GAROTO-PROPAGANDA LATINO-AMERICANO

Depois do Grammy, parecia que da noite para o dia todo mundo nos Estados Unidos tinha acordado e ouvido o nome Ricky Martin pela primeira vez, o que era um pouco estranho, especialmente se considerarmos que *Vuelve* tinha ganhado um disco de platina nos Estados Unidos, com mais de um milhão de cópias vendidas, superando alguns dos nomes mais famosos do rock americano. Isso era a prova de que, naquele tempo, a maior parte dos americanos que falava inglês não tinha a menor ideia do que estava acontecendo no mundo musical de quem falava espanhol.

Duas semanas apenas depois do lançamento do álbum, apareci na capa da revista *Time*, sob a manchete "Latinos viram pop", e, segundo a reportagem, eu estava na dianteira de uma nova geração de artistas latinos que expressavam sua cultura em inglês. A reportagem observava – com razão – que uma grande parte do nosso sucesso tinha a ver com ser a hora certa. Em outras palavras, a comunidade latina estava crescendo a uma taxa monumental nos Estados Unidos, e esse crescimento estava se traduzindo em emissoras de rádio, canais de televisão e jornais em espanhol. A cultura latina estava penetrando na cultura americana em todos os níveis, e a própria estrutura da sociedade americana estava começando a mudar. Nesses detalhes foi que comecei a reconhecer os auspícios da minha vida: se tivesse nascido em qualquer outro momento, mesmo que somente dez anos antes ou dez anos depois, é provável que não tivesse alcançado o mesmo sucesso e que a minha vida tivesse sido bem diferente. Mas minha vida sempre foi assim – as coisas sempre aconteceram no momento exato em que deviam acontecer, incluindo, ao que parece, o momento do meu nascimento.

Um mês depois, apareci na capa da *People*, uma das revistas sobre o mundo do entretenimento mais conhecidas e poderosas dos Estados Unidos, com um artigo que falava sobre a minha "fama instantânea". É claro que, aos olhos da mídia americana, eu era alguém totalmente desconhecido que tinha acabado de aterrissar no cenário musical americano. O que eles não sabiam era que eu tinha uma carreira de quinze anos nas costas, e que o reconhecimento mundial que havia alcançado – essa fama de que eles falavam, esse novo cume assustador em que agora me encontrava – era resultado de uma estratégia calculada. A divulgação do álbum havia sido planejada pela gravadora para dar o maior impulso possível para o que eles viam como um produto: "Ricky Martin". Como disse uma vez Desmond Child: "Ricky é um príncipe que está preparado para ser rei".

Nunca me incomodou minha carreira ter sido planejada com uma estratégia muito clara em mente. O que realmente me incomodou naquela época foi descobrir que a mídia me retratava como representante de todos os latinos. Tenho muito orgulho de ser latino, mas isso certamente não quer dizer que todos os latinos têm de ser como eu, nem que eles necessariamente se identificam com a minha música ou meu senso estético. Assim, desde o primeiro momento em que minha fama começou a crescer, senti-me de alguma forma responsável por romper os estereótipos e explicar ao mundo que, apesar de sermos do mesmo continente, nem todos os latinos são iguais.

Há tanta ignorância em relação à cultura latino-americana! Encontro indivíduos que, ao saber que sou porto-riquenho, dizem: "Sim, claro, Costa Rica!". Ou que olham para mim e acham que sou italiano. Quando minha música começou a fazer sucesso na Europa, dei muitas entrevistas em que falava sobre a minha cultura e como ela se manifestava na minha música. Também aproveitei a oportunidade para falar das diferenças. Por exemplo, em algumas partes do mundo, algumas pessoas ficavam chocadas ao me ver aparecer sem um chapéu mariachi. Acreditavam que tudo que é latino, do México à Patagônia, é igual, e que todos comemos tacos e cantamos "rancheras" (música típica mexicana). Então, eu me empenhava para explicar que a América Latina é multifacetada, tem muitas culturas diferentes; até na mesma ilha encontram-se diferentes culturas, sotaques, estilos musicais e ritmos. Não posso dizer que minha música é 100% latina, porque seria um insulto a todos os outros músicos latinos do mundo. Na América Latina, existem salsa, merengue, tango, rock, vallenato, cumbia, son e mais muitos gêneros que se desenvolveram por todo o continente, e minha música é uma mistura, uma fusão, de vários estilos, já que não sou um artista que adere rigorosamente a um ou outro estilo. É claro que minha música tem influências latinas, mas também tem influências anglo-saxônicas e do "europop". Assim, dizer que sou um cantor latino, tudo bem. Mas é errado dar à minha música o rótulo abrangente de música latina, ou imaginar que os latinos são, ou soam, como eu.

Quando minha música começou a fazer sucesso nos Estados Unidos, aconteceu tudo ao mesmo tempo. Graças a turnês e divulgação, já era conhecido no mundo como artista internacional de Porto Rico. Antes de chegar aos Estados Unidos, já tinha feito uma turnê com sessenta apresentações, incluindo shows em Nova Delhi, Bangcoc, Seul, Taipei, Singapura, Malásia e Austrália. Fiz shows por toda a Europa. E em todo lugar era conhecido como "artista internacional". No entanto, quando cheguei aos Estados Unidos, era o "fenômeno latino". Sempre me dava ao trabalho de explicar que, apesar de ser latino – coisa de que me orgulho muito –, não represento todos os hispânicos, já que sou a minha própria versão. O que algumas pessoas não sabem é que, embora eu seja latino, tenho sangue francês, indígena e africano... Na verdade, sou mestiço, como a maioria de nós no continente americano. O fato de ser considerado hispânico é uma feliz coincidência. Uma parte da minha família veio da Europa e aportou no nordeste americano, e hoje é considerada caucasiana. Mas uma outra parte da minha família veio para a minha ilha, Porto Rico, e, por esse motivo, eu era considerado "o fenômeno latino".

De fato, muitos americanos, talvez a maioria, sabem muito pouco sobre a cultura latina e esse conhecimento muitas vezes se baseia em uns tantos preconceitos e ideias preconcebidas que estão totalmente errados. Então, apesar de a capa da *Time* ser ótima, por um tempo deixei de gostar da coisa toda do

"Latinos viram pop". No entanto, até hoje, isso faz com que eu me esforce para mostrar ao mundo que somos mais do que um simples rótulo.

DESMORONANDO

Minha fama continuava a crescer. Dezenas de milhares de pessoas apareceram quando fiz uma apresentação ao ar livre no Rockefeller Center, em Nova York, para o programa de entrevistas matinal da NBC, *Today*. Veio tanta gente que o tráfego no centro de Manhattan foi interrompido. Foram incontáveis capas de revistas e uma atenção infinita. Saí na capa da *Rolling Stone* nadando em uma piscina cercado de mulheres nuas; o sonho de todo músico de rock e pop – foi a marca máxima do meu sucesso.

Naquele mesmo ano, "Livin' la vida loca" recebeu cinco indicações para o Video Music Awards da MTV, e, além disso, a música foi indicada a três prêmios internacionais no mesmo evento. No total, ganhei cinco dos nove prêmios a que tinha sido indicado, e mais uma vez a plateia me ovacionou de pé quando cantei a música ao vivo no evento da entrega dos prêmios.

Do ponto de vista profissional, foi um dos melhores anos da minha vida. E, para fechá-lo, no meu aniversário, a *Entertainment Weekly* me nomeou artista do ano. Tinha alcançado um ponto tão extraordinariamente alto que poderia até começar a duvidar se conseguiria subir ainda mais. Como disse em uma entrevista naquela época, o que poderia fazer depois disso? Escalar o Everest?

Bem, não tive muito tempo para sentar e refletir sobre a questão, porque a gravadora logo me informou que queria outro álbum o mais rápido possível. Agora, quando penso nisso, percebo que deveria ter dito não. Definitivamente não! Era muito cedo e não estava pronto para me afundar no intenso trabalho criativo necessário para gravar um novo álbum. Mas estava tão ocupado trabalhando e me empenhando para fazer tudo que precisava fazer para manter a engrenagem funcionando, que talvez não tenha tido o tempo ou mantido a distância para avaliar o que estava sendo pedido de mim. O selo disse que precisava de um novo álbum, então, simplesmente concordei.

Foi uma das piores decisões da minha vida.

Uma maluquice total e um erro muito grave. Mas a decisão foi minha, e resolvi ir até o fim. Alguns dizem que eu deveria culpar meus assessores ou o selo musical por me pressionar, mas a verdade é que foi tudo culpa minha. Não era mais o Menudo, e eu não era mais um garoto a quem se dizia o que fazer. Era um homem crescido e trabalhava no ramo da música há muitos anos, e, mesmo assim, concordei em fazer uma coisa que não queria fazer. A única forma de aprender na vida é cometendo os próprios erros, e esse foi um dos erros com que mais aprendi.

Então, começamos a preparar o próximo álbum em inglês, chamado *Sound Loaded*. Toda semana tinha quatro ou cinco dias consecutivos de shows na turnê de "Livin' la vida loca", e, depois do último show, pegava um avião para voltar a Miami, onde me trancava no estúdio para gravar. Trabalhávamos até o dia raiar; depois dormíamos um pouco. Eu acordava e voltava para o aeroporto para ir para a próxima parada da turnê, ainda a tempo de fazer a passagem de som para o show. Muitos dos meus amigos do ramo diziam que era loucura, que não era assim que se fazia.

"Quando você está fazendo um disco", diziam, "você deve fazer apenas isso."

"Ah!", eu respondia. "Quem disse?" Tinha feito aquilo algumas vezes, e agora estava fazendo de novo.

Logo que acabou a turnê de shows, começamos a turnê de divulgação de *Sound Loaded*. Um dia típico começava acordando quando o avião vindo da Austrália, por exemplo, pousava em Los Angeles, onde precisava gravar mensagens para emissoras de rádio de Orlando, Detroit, Miami e outras cidades importantes. Depois, precisava dar uma série de entrevistas para a imprensa antes de fazer uma sessão de fotos para as revistas. Era uma agenda tempestuosa, eu não parava nunca. Todo dia começava de madrugada e terminava tarde da noite. Quase nunca tinha uma tarde livre ou uma manhã para dar uma descansada. Mal podia respirar.

Em alguns aspectos, eu me sentia como o rei do mundo, e essa sensação, apesar de vir acompanhada de uma certa dose de exaustão, era também inebriante. Gostava de sentir o poder que tinha nas mãos, e, acima de tudo, adorava poder colher os frutos do nosso trabalho dos últimos quinze anos. No entanto, também havia momentos em que tinha medo do que meu novo estilo de vida podia causar. Às vezes, sentia que queria fugir para a minha pequena ilha e viver em uma casinha na praia com uma rede com vista para o oceano, e, outras vezes, a única coisa que queria era sair e festejar, alugar um clube noturno inteiro, convidar meus amigos para dançar e flertar com os *paparazzi*. Todo dia oscilava entre esses dois extremos; entre querer fugir de tudo que estava acontecendo a minha volta e querer me render totalmente. Por um lado, sentia-me maravilhoso e imensamente realizado; por outro, estava sofrendo, e a sensação de mudança constante me deixava enlouquecido.

Acredito que muito poucas pessoas perceberam, porque fazia tudo que podia para esconder o que realmente estava acontecendo por dentro. Quando as pessoas me perguntavam: "Ricky, como você está?", eu nem parava para pensar. Respondia automaticamente: "Estou ótimo, muito obrigado". A realidade, porém, era muito diferente. Tinha uma dor de estômago terrível, minha cabeça rodava, e sentia um aperto no coração. Não sabia o que estava sentindo porque não parava para avaliar, mas o que eu sabia era que estava sofrendo, sofrendo muito. No entanto, continuava dizendo que estava tudo bem.

Por volta dessa época, gravei uma música com a Madonna chamada "Be careful" ("Cuidado con mi corazón") e, ao ver a intensidade com que a imprensa me seguia, e como eu sempre estava disposto a fazer divulgação, ela me disse: "Ricky, pare de dar entrevistas. Todo mundo sabe quem você é". E essa verdade me atingiu como um raio. Levei um tempo para processar aquilo – e mais ainda para aplicar à minha vida –, mas, um dia, entendi exatamente o que ela queria dizer. Tinha passado tanto tempo concentrado em fazer publicidade, estando disponível, e sempre dando, dando e dando para alcançar meu objetivo, que não percebi que, em certa medida, já o tinha alcançado, e ultrapassado, sem nem perceber. Foi aí que vi que as regras do jogo tinham mudado, e que precisava achar um jeito de recuperar o controle do meu tempo e da minha vida. Mas isso só iria acontecer muito tempo depois, porque, como tudo o mais na vida, ainda não era a minha hora. Antes de encontrar minha paz, teria de chegar ao momento específico em que simplesmente não aguentava mais.

Naquele tempo, minha regra principal era sempre dar o máximo possível e mais ainda, porque, para cada pouco que dava, recebia muito em troca, e isso me fazia querer dar ainda mais. Às vezes dizia que não era que estava trabalhando demais. Estava apenas dando demais. É só que o reconhecimento dos fãs é intenso. Acreditava que estava pronto para aquele tipo de sucesso – afinal, estava sob os refletores desde os doze anos –, mas logo percebi que não estava. Queria gritar: "Esperem! Não consigo lidar com tanta coisa. Me deixem parar por um momento!".

Por muito tempo, acreditei que o sucesso alcançado com "María" e *Vuelve* seria o grande ápice da minha carreira. Depois do sucesso de "Livin' la vida loca", porém, aquilo tudo parecia brincadeira de criança. Sempre digo que na minha vida as coisas chegam no exato momento em que devem chegar, nem antes nem depois, e que as recebo de todo o coração. Dessa vez, no entanto, foi completamente devastador. Fazia tudo que podia para me manter a mil quilômetros por hora, tirar proveito da fantástica oportunidade que me havia sido dada, mas era inevitável chegar ao ponto em que simplesmente não poderia mais aguentar. E assim como é importante saber aceitar o que o destino nos manda, também é essencial saber a hora de parar e dar um passo para trás para nos afastarmos de algo que pode nos prejudicar. O sucesso que tinha conquistado era monumental, e me alimentava de uma forma bastante peculiar, mas também estava deixando feridas invisíveis na sua esteira que precisariam de algum tempo para fechar. A febre toda durou mais ou menos uns dois anos, ao cabo dos quais estava completamente vazio e entorpecido. De fato, eu não queria sentir mais nada. Fazia tudo que tinha de fazer sem pensar, praticamente no piloto automático. A única coisa que realmente me dava prazer era estar no palco. Era o único lugar do mundo em que me sentia absolutamente livre. Era onde fazia exatamente o que gostava de fazer, como gostava de fazer, quando queria fazer, e a energia da plateia sempre alimentou minha alma. Era quando eu voltava a ser o Kiki, o menino na casa dos avós, divertindo-se, fazendo brincadeiras, dançando e cantando. No palco, sentia-me forte e livre para ser quem sou, como sou, sem ter medo ou fingir. Mais tarde, porém, quando o show terminava, corria para casa, para me esconder e me desligar. Tudo sempre causava sofrimento, e, embora ninguém pudesse ver, internamente eu estava sofrendo. A maioria das pessoas não imagina que é possível estar cercado de gente quase o tempo inteiro e ainda se sentir só. Ou que a estrada nem sempre é tão glamorosa quanto parece. Depois de um tempo, você só quer dormir na sua cama.

Não queria continuar, mas, cada vez que aparecia uma proposta, sempre dizia: "Sim, sim, vamos lá! Estou pronto". Em certa medida, esse comportamento era resultado do meu "treinamento militar", mas eu também estava claramente tentando fugir do sofrimento que carregava lá no fundo. Desde que estivesse sempre trabalhando, não percebia o que estava realmente sentindo. No fundo, estava com medo do que poderia encontrar. Então, concentrava-me no que "tinha de fazer" e simplesmente continuava a ir em frente.

Hoje, é muito fácil ver para onde esse caminho estava me levando. Percebo que com *Sound Loaded* muitos erros foram cometidos e muitas decisões foram tomadas sem pensar. Era muito cedo para lançar outro álbum. De fato, era tão cedo que, quando o primeiro single foi lançado, muitas pessoas acharam que era uma música do álbum anterior, *Ricky Martin*. Após o megassuce de *Ricky Martin*, era importante deixar passar algum tempo antes de lançar um segundo disco. Deveria ter parado, mesmo que só um pouco. No entanto, a gravadora precisava do próximo sucesso, e, quando me pressionou para fazer aquilo, eu não disse não. Eu não queria realmente parar, porque parar teria me forçado a pensar sobre todo tipo de coisa que não queria examinar.

QUATRO

ASSUMINDO O CONTROLE SOBRE MINHA VIDA

Ser artista significa estar constantemente em busca da aprovação de outros. Seja na música, na literatura, na pintura ou na dança, a arte, por definição, busca interagir com os espectadores e se conectar com eles. Para mim, esse é um aspecto fundamental do que faço. Os momentos que me deixam mais feliz são quando me vejo no palco, cercado pelos meus músicos, e diante de uma plateia enorme, empolgada e genuinamente vibrando com a minha música. Adoro sentir que as pessoas estão gostando da minha música, que ela tem algum significado para a vida delas, e que de alguma maneira estamos conectados. Quando alguém gosta do que faço, isso alimenta minha alma.

Existem artistas que dizem criar música ou fazer sua arte para si mesmos e que a aprovação do público é irrelevante. Embora seja um ponto de vista que respeito totalmente, não compartilho essa crença. Sou artista porque amo minha música e adoro dançar, mas, se ninguém mais gostasse, não me sentiria muito bem. Pode chamar isso de ego, medo ou falha, necessidade de ser aceito, ou o que quiser, mas sinto honestamente que a música precisa criar uma *conexão* real com o mundo a sua volta.

Foi por isso que, quando "María" decolou, seguida por "La copa de la vida" e, depois, "Livin' la vida loca", fiquei extremamente feliz. Todo o trabalho, as viagens, as horas passadas no estúdio, dando entrevistas, em sessões de fotos... estava agora colhendo os frutos de todo o trabalho, e sentia profundamente que estava vivendo um momento único e extraordinário, uma verdadeira bênção. No entanto, aquele momento – pelo qual havia ansiado com cada centímetro do meu ser – trouxe com ele uma série de desafios que talvez eu não estivesse pronto para enfrentar. Em grande medida, já estava acostumado a fazer o que as outras pessoas esperavam que fizesse: no início da carreira, quando sempre seguia as instruções dos empresários da banda e, mais tarde, quando adotei a mesma postura com os diretores de teatro e televisão com quem trabalhei, com os produtores musicais, os executivos da gravadora... Passei tanto tempo seguindo conselhos dos outros – na maior parte bem-intencionados, felizmente – que, sem perceber, tinha começado a perder minha identidade. Queria tanto que as coisas corressem bem e alcançar o sucesso tão ansiado, que raramente parava para pensar se poderia fazer – menos ainda se *queria* fazer –, de forma realista, tudo o que se esperava de mim. Os anos da minha ascensão à fama foram uma era maravilhosa – não há dúvida –, mas também foram os anos em que senti que estava começando a perder de vista para onde aquilo tudo estava indo.

INSPEÇÃO INCANSÁVEL

A orientação de quem já percorreu o caminho antes de você é muito valiosa, e outro conselho útil que a Madonna me deu foi: "Ricky, se a música, a arte ou a sua carreira começar a tomar conta da sua vida, desconecte-se. É você quem deve controlar sua carreira; não deixe que ela o controle". A Madonna, obviamente, é uma mulher muito experiente, e entendi perfeitamente o que ela queria dizer, mas, para mim, foi muito difícil colocar em prática seu conselho.

No ano anterior ao Grammy, não achava que a música ou a minha carreira me controlavam. O mundo inteiro estava ouvindo minhas músicas e eu me sentia no auge, com controle de tudo o que estava por vir. Mesmo assim, algumas coisas me causavam um pouco de ansiedade. Estava completamente focado em fazer todo o possível para manter o impulso extraordinário que havia me levado àquele ponto, mas havia, contudo, momentos em que as horas de trabalho me pareciam muito longas, simplesmente por ser incapaz de dizer não. Meu agente aparecia com um itinerário e eu dizia sim para tudo, sem nunca parar para avaliar as consequências. Eu estava, é claro, saboreando meu sucesso, mas não consigo deixar de achar que talvez estivesse tentando fugir do pesado fardo emocional que carregava. Exatamente como nos tempos no Menudo, quando me concentrava no trabalho o tempo todo porque, em certa medida, queria fugir do que estava acontecendo entre meus pais, durante o frenesi de "Livin' la vida loca" estava tentando evitar as emoções contraditórias quanto à minha sexualidade que estavam sempre me rondando. Até certo ponto, estar ocupado o tempo todo significava não precisar pensar em coisas que me deixavam pouco à vontade.

Foi por volta dessa época que voltei a namorar a mulher maravilhosa que havia conhecido no México. Estar com ela sempre me deu muita paz. Havia muito amor e atração entre nós, e me sentia seguro com ela. Sentia-me amparado. Focado.

Ao longo de todo o tempo que passei com ela, nunca olhei para mais ninguém. Nunca quis mais ninguém, e nosso relacionamento realmente fazia eu me sentir ancorado. Dava-me a estabilidade de que sentia falta na minha vida, e permitia que eu me distanciasse da atração por homens, o que sempre me enchia de culpa. Sentia-me ótimo quando estava com ela; eu a amava e me sentia amado por ela, então, não tinha nenhum motivo para pensar em outra coisa, ou outra pessoa.

No entanto, a ilusão de que eu tinha minha carreira e minha vida pessoal sob controle não durou muito. Meu relacionamento com essa mulher incrível durou um pouco mais, e, depois de muitas idas-e-vindas, terminamos definitivamente. É difícil explicar o que faz um relacionamento terminar e, embora hoje eu veja claramente que meus próprios conflitos internos tiveram muito a ver com isso, outros fatores nos afastaram, e finalmente decidimos – sempre com muito amor e carinho – nos separar.

E foi então que comecei a perder o controle.

Enquanto minha equipe e eu trabalhávamos sem parar para manter toda a operação funcionando sem problemas, com turnês promocionais, shows e vídeos, de repente, minha vida pessoal tornou-se um assunto constante na mídia. Naturalmente, o público queria saber quem era esse Ricky Martin de quem todo mundo estava falando e, então, começaram as perguntas. Em todas as entrevistas daquela época, as pessoas queriam saber de onde eu era, como tinha sido a minha infância, como eram meus pais e se eu tinha alguém especial na minha vida...

Há uma diferença fundamental entre estrelas de cinema e cantores, que a maioria das pessoas não percebe. Quando um ator promove um filme, as perguntas nas entrevistas geralmente giram em torno de seu papel naquele projeto, o enredo do filme ou a experiência durante as filmagens; há um número incontável de assuntos que podem ser explorados sem que a vida pessoal do artista se torne o tema central da conversa. No entanto, quando se trata de um cantor, há uma variedade muito menor de assuntos a serem discutidos, e a entrevista tende a se voltar para a vida pessoal, que, no fim, é a inspiração para a música As perguntas costumam ser de natureza mais íntima, especialmente quando, como no meu caso, a música trata de temas como amor e decepções amorosas.

Como eu nunca dizia não, havia entrevistas comigo em todas as revistas, todos os programas de televisão e jornais. Meus vídeos passavam na MTV a cada dez minutos. Nas entrevistas, falava muito pouco sobre minha vida privada, e como o que eu contava dava pouco o que falar – era um cara saudável, trabalhava muito, sem vícios –, alguns membros da imprensa devem ter decidido descobrir meu “lado negro”.

E assim começaram os rumores. Não tenho ideia de quando exatamente eles começaram, ou de quem pode ter falado o que, mas os tablóides começaram a dizer que eu havia saído com um ou outro cara – ironicamente, nenhuma das histórias era verdadeira, embora eu estivesse, de fato, tendo relacionamentos com homens. Entendo que rumores vendem revistas, e que muitas vezes as pessoas querem ler sobre isso, mas, na verdade, a invasão da minha vida privada me atingiu como uma tonelada de tijolos. Não podia entender por que havia me tornado alvo de tanta especulação. Tudo o que queria era continuar com a minha música e viver a minha vida sem ninguém interferindo. Tinha acreditado, ingenuamente, que, apesar de ser uma celebridade, ainda tinha direito à privacidade.

O resto do mundo não achava a mesma coisa.

O PREÇO DA NEGAÇÃO

NA VERDADE, O PROBLEMA não eram tanto os rumores sobre minha sexualidade. O problema real era eu mesmo não saber como me sentia sobre o assunto. Apesar de ter tido relacionamentos com homens depois de me separar do meu primeiro amor, ainda não estava pronto para me aceitar como gay. Meu momento ainda não havia chegado, e, apesar de todos sabermos agora que os rumores se baseavam na verdade, na minha cabeça, ainda não era um fato. Era um assunto que constantemente eu precisava enfrentar e me causava muito sofrimento e ansiedade. Toda vez que alguém escrevia em uma matéria que eu era homossexual, cada vez que me perguntavam sobre isso em uma entrevista – e não muito sutilmente –, eu me afastava ainda mais da minha verdade. Os rumores e as perguntas só aumentavam minha insegurança e minha autorrejeição; eles me faziam lembrar todos os motivos pelos quais não me sentia bem comigo mesmo. Às vezes, sentia que me odiava. Como isso era apresentado sempre sob um ângulo tão negativo, como uma coisa escandalosa e ruim, meu desejo de negar meus sentimentos era reforçado. E como naquele momento eu estava longe de estar pronto para me assumir, o único resultado era que tudo me causava uma enorme dose de sofrimento.

Anos depois, foi feito um documentário biográfico sobre mim para a televisão, e muitas pessoas da indústria foram entrevistadas, assim como jornalistas do meio musical. Nesse trabalho, foi dita uma coisa que acho muito astuta: quando um fenômeno enorme como Ricky Martin atinge o mundo da música, também atrai uma grande quantidade de inveja e ódio. Às vezes isso é chamado de "inveja de quem está por cima". Joe Levy, que era editor da *Blender* naquela época, não poderia ter se expressado melhor: "Quando um artista pop se veste bem demais, é super bem cuidado ou é muito perfeito, é tão fácil odiá-lo quanto amá-lo". É possível que algumas pessoas quisessem desenterrar fofocas sobre mim ou dizer coisas que, aos olhos delas, pudessem ser negativas pelo simples motivo de não querer que eu me saísse bem. Qualquer que tenha sido o motivo, permanece o fato de ter sido, para mim, uma época de grande angústia.

Acredito que um dos fatores que contribuíram para os rumores sobre minha sexualidade tenha sido as pessoas acharem minha imagem de "amante latino" excessiva. Em outras palavras, possivelmente achavam que tudo que eu fazia – o modo como dançava, as letras das minhas músicas, minha movimentação sensual sobre o palco – não passava de uma tentativa de disfarçar minha homossexualidade. E isto é o que sinto que preciso deixar claro: sou o artista que sou graças às muitas experiências que me influenciaram ao longo do caminho, e isso não tem nada a ver com minha sexualidade. Embora eu saiba muito bem que toda a minha música e encenação têm um componente "sexualizado", isso não quer dizer que o modo como danço, mexo meu quadril e me movimento com o ritmo seja uma expressão da minha sexualidade, não importa se eu sinta atração por mulheres ou homens. Quando estou no palco, sempre busco uma forma de me conectar com a plateia e se descubro um movimento ou um passo de dança de que as pessoas gostam, que as faz vibrar ou as deixa empolgadas, então vou continuar a usá-lo. Tem a ver com a própria natureza da encenação seduzir a plateia, e isso não tem nada a ver com minha vida pessoal.

Quando estou no palco, estou *trabalhando*. E faço meu trabalho com dignidade. Com respeito. Trabalho porque gosto do que faço e porque quero que as outras pessoas gostem das minhas músicas e das minhas apresentações. Nos países fora da América Latina, a cultura latina sempre teve uma conotação sensual, mas essa sensualidade que os outros parecem captar é completamente normal para quem vem desta parte do mundo. Os movimentos da salsa, do merengue e da cumbia existem em todos os países latinos.

O momento que melhor condensa essa questão sobre os rumores e o mal que estavam me fazendo talvez seja a malfadada entrevista a Barbara Walters. Conhecida por suas entrevistas com algumas das pessoas mais famosas e poderosas do mundo, ela tem uma habilidade única de extrair detalhes pessoais nunca antes revelados. Minha entrevista foi ao ar na noite da entrega do Oscar, no dia 26 de março de 2000, um domingo. Na época, eu era provavelmente uma das pessoas mais conhecidas do mundo da música e, por causa de toda a divulgação na mídia que eu vinha fazendo nos quatro ou cinco anos anteriores, estava superexposto. O álbum *Ricky Martin* e a música "Livin' la vida loca" ainda estavam vendendo como água, e na época eu também estava em turnê mundial de shows. O especial com Barbara Walters era uma parte da programação na TV muito aguardada, em uma noite com um dos maiores índices de audiência do ano todo.

A entrevista foi gravada em Porto Rico. Depois de andar um pouco pela praia, sentamos em uma varanda para a entrevista. Ela me perguntou sobre meu sucesso, minha vida como cantor, minha família e, como boa investigadora que é, quando eu menos esperava, ela disparou a pergunta que eu mais temia: ela me perguntou sobre minha sexualidade.

Respondi da mesma forma que sempre respondia: disse que era um assunto particular e que não era da conta de ninguém. Mas, em vez de aceitar minha resposta e continuar a entrevista, ela continuou a indagar sem ceder. Até certo ponto, entendo que ela só estava cumprindo seu dever, mas me pressionou bastante, talvez achando que pudesse conseguir algum tipo de confissão minha para o programa. Não sei. Mas o fato é que não dei a ela o que ela queria.

Continuei firme com minhas respostas – tanto quanto foi possível –, mas lembro-me de que minha visão ficou turva e meu coração disparou. Senti-me como um lutador de boxe que acaba de ser acertado por um soco decisivo – cambaleante e na defensiva, mas já nocauteado, prestes a cair. Mas não caí. Não sei como consegui, mas fiquei firme. Agora, enquanto escrevo, dou risada, mas não tenho certeza se é uma risada nervosa ou se, a uma certa distância, acho engraçada aquela situação absolutamente ridícula. O fato é que só posso rir.

Anos depois, Barbara admitiu que talvez não devesse ter feito aquela pergunta, e lamentou tê-la feito. O que passou, passou, mas eu apreciei muito o gesto, porque significa muito para mim ela compreender que eu simplesmente não estava pronto. Apesar dos rumores que circulavam, as coisas ainda não estavam claras na minha cabeça, e sair do armário simplesmente não era uma opção. A pressão externa só serviu para aumentar minha angústia. E, em vez de fazer o meu momento – o dia em que me sentiria à vontade para revelar minha verdade ao mundo – aproximar-se, afastava-o ainda mais. Cada episódio desse tipo me fazia enterrar ainda mais meus sentimentos, em uma tentativa de continuar a abafar meu sofrimento.

Hoje, acho que teria sido fácil dizer sim, e tenho orgulho de quem sou. Apesar de nunca ter realmente mentido, eu me esquivava da questão e era muito desajeitado em relação a ela. Agora vejo que era muito simples, eu estava fazendo uma tempestade em copo d'água, mas, naquela época, não era assim que eu via, nem como me sentia. Não importa como eu vejo – o importante é que não era a hora. Por quê? Porque não era. Simplesmente não era.

Na verdade, não permaneci em silêncio só por mim. Apesar de assumir toda a responsabilidade pelas minhas decisões, também sentia que precisava pensar em como minhas atitudes poderiam afetar minha família, meus amigos e todas as pessoas ao meu redor. Sempre cuidei dos que estão perto de mim, e faço isso porque gosto. Minha vida sempre foi assim, e isso realmente me deixa feliz. Algumas pessoas acham que não é saudável, e eu concordo. É algo que precisa de dedicação. Sei bem que o que faço inevitavelmente repercute nas vidas de outras pessoas e, naquele momento, sentia que, se falasse sobre minha sexualidade, as pessoas me rejeitariam e minha carreira provavelmente estaria acabada. E, se minha carreira acabasse, quem iria sustentar minha família? Agora, muitos anos mais tarde, percebo como até mesmo pensar nisso era absurdo, mas era como eu via então. Assim, continuei a ter relacionamentos com homens, mas sempre os escondia. Ficava furioso ao pensar que as pessoas achavam que podiam entrar na minha casa e ver quem estava na minha cama. Qualquer que fosse minha orientação sexual, eu ainda deveria ter direito à privacidade.

Toda a pressão do trabalho, assim como da mídia, começou a se tornar tão opressiva que o palco era o único lugar onde conseguia ter alguma sensação de paz. No entanto, depois de algum tempo, até isso começou a perder o apelo. Pela primeira vez na vida, até no palco frequentemente me sentia pouco à vontade, insatisfeito e vazio. Não entendia por que estava fazendo o que fazia. Foi quando disse a mim mesmo: "Espere! Espere um pouco! Essa é a única coisa que você realmente adora fazer, e até aí você está começando a se sentir mal? Está na hora de parar". O palco era a única coisa que me restava, a única coisa que adorava sendo um artista, e até isso eu estava começando a perder.

Não sei se o público percebeu, mas tenho quase certeza que sim. Em outras palavras, se alguém tivesse visto um dos meus shows em Nova York ou Miami, que aconteceram no começo da turnê, quando eu estava me divertindo, e depois assistisse ao mesmo show na Austrália, quando a turnê estava para ser encerrada, definitivamente teria notado a diferença. No fim, eu estava lá, cumprindo meu dever, mas o tempo todo estava pensando: "Mal posso esperar que isso acabe para poder voltar para casa".

Só queria dormir. Não queria mais nada. Então, chegou o momento em que segui o conselho da Madonna e me desconectei. Estávamos na Austrália, e a parada seguinte era a Argentina. Um estádio cheio de gente nos aguardava em Buenos Aires, mas eu cancelei. Simplesmente não aguentava mais. Esse era o segundo concerto que cancelava na vida, e a primeira vez havia sido porque estava doente.

Todo mundo na banda perguntava: “Mas o que aconteceu? O que você quer dizer com nós vamos para casa?”.

“É isso”, dizia para eles, “vamos para casa. Estou totalmente acabado; simplesmente não aguento mais.”

“Mas Ricky, só falta uma semana para a turnê acabar”, eles me diziam. “Vamos lá, só mais uma semana”.

Em circunstâncias normais, teria feito aquele esforço extra e me forçado a consumir até a última gota de energia que me restasse. Mas dessa vez foi diferente, e sabia que eles nunca seriam capazes de me convencer. Simplesmente não podia – não conseguiria – continuar, e não havia uma alma viva que pudesse me convencer do contrário. Tudo que queria naquele momento era ir para casa.

Acho que foi uma crise de ansiedade. Eu estava esgotado, e nem mesmo o palco era o suficiente para amenizar meu desconforto. Se não queria mais fazer shows, qual era o sentido de tudo aquilo? Precisava parar, porque quem sabe o que aconteceria comigo se tivesse continuado mais uma semana naquele ritmo?

Estava trabalhando sem parar há dezessete anos – mas os últimos quatro tinham sido brutais. Primeiro, a turnê de *A medio vivir*, depois *Vuelve*, logo em seguida o Grammy e toda aquela loucura de "Livin' la vida loca". Quatro anos em turnê era demais. Fazia todo sentido eu estar me sentindo daquele jeito.

Além de tudo, não gostava de quem eu era. Não gostava do que estava sentindo. Comecei a me comportar como nunca tinha me comportado antes. Não desrespeitava ninguém, não gritava com ninguém ou alguma coisa desse gênero, mas comecei a perder minha disciplina. Chegava atrasado. Brincava com o tempo dos outros. Lembro que uma vez estava em turnê na Alemanha e tinha um compromisso às nove da manhã, e cheguei no fim da tarde. Talvez para outros artistas isso seja sem importância, mas não para mim. Cada um tem seus padrões. Para mim, não aparecer nos ensaios ou faltar a um compromisso é o fundo do poço.

Então, parei de trabalhar. Voltei para casa e me isolei do mundo. Ficava limpando minha casa, tinha muito pouco senso de humor e nenhuma paciência. Passava dias inteiros em casa de pijama – o que é totalmente contra minha natureza. Sempre fui muito ativo, energético, totalmente desperto logo de manhã cedo, sempre pronto para o dia que me aguardava. Mas, naquele momento, não queria saber de horários, obrigações ou compromissos. Tudo o que queria era silêncio.

Agora, quando penso nisso, vejo essa época como o início da minha metamorfose. Comecei a avaliar o que queria da minha vida, do que precisava ou não. Foi como um renascimento. Junto com esse renascimento, foi como se também estivesse passando por um processo de desintoxicação espiritual para poder voltar à essência, à calma. Estava deixando de ser a pessoa que havia sido naqueles últimos anos para me tornar um novo eu. Achei o processo muito interessante, mas quem me conhecia melhor, meus amigos mais próximos, simplesmente não conseguiam entender o que estava acontecendo.

Um dia, uma amiga próxima veio me ver e, chocada com o que estava acontecendo, gritou comigo, como se quisesse me acordar do torpor em que me encontrava.

"Você está se acabando".

"Não!", gritei em resposta. "É assim que eu sou. Se não estiver gostando, vá embora!"

"Não vou a lugar nenhum", ela respondeu.

Nisso, atirei um copo contra a parede e ele se quebrou em pedacinhos. Parece besteira, um ato isolado de desespero, mas o efeito que teve naquele momento da minha vida foi totalmente inesperado. Em vez de assustar minha amiga e ela ir embora, fui eu quem ficou chocado: a explosão me deu um baque emocional. Nos cacos de vidro espalhados pelo chão, vi o que estava acontecendo com a minha vida. Se não fizesse o que era necessário para consertar aquilo o mais rápido possível, eu também acabaria despedaçado em um milhão de pedacinhos. Não me reconheci em um gesto tão violento e compreendi como o problema era ainda mais sério do que estava disposto a admitir. Uma coisa é ser famoso e outra é ser totalmente controlado pela fama. Ser famoso pode ser muito positivo, mas ser controlado pela fama não é nem um pouco positivo. Embora achasse que estava fugindo de tudo para ser eu mesmo, meu comportamento errático era a prova de que a fama ainda estava controlando minha vida.

Não guardo arrependimentos, porque tudo o que aconteceu tinha de acontecer. Doeu? Com certeza. Mas aprendi muito. E isso é o importante.

A VIAGEM

HOJE POSSO DIZER que me perdoei por me deixar afundar tanto. Ainda há momentos em que penso sobre como deixei minha vida sair tanto de controle, como me deixei ser seduzido pela fama. Talvez pudesse ter agido e feito as coisas de outra forma, mas foi uma lição. Precisei enfrentar todos os desafios que se colocaram diante de mim para poder avançar no meu caminho espiritual. Cheguei aonde cheguei para aprender a lição e não cometer os mesmos erros no futuro.

Para compreender isso, porém, precisei chegar ao fundo do poço, segundo os meus padrões. Foi então que comecei a olhar para dentro de mim, para encontrar o caminho do meu despertar. Quando aquele copo se espatifou na parede, enxerguei tudo. Imediatamente comecei a reparar todo o dano que tinha causado a mim mesmo. Estava na hora de fazer algumas mudanças importantes. Parei de ter contato com as pessoas que tinham uma influência negativa sobre mim, voltei à academia e meditei muito. Fiz uma faxina geral e me dispus a avançar na minha busca espiritual. Precisava deixar todas as coisas materiais para trás – os carros, as casas e o jatinho particular que havia comprado – e andar a pé por onde ninguém soubesse quem eu era, ou, se por acaso fosse reconhecido, não fizesse a menor diferença. Precisava me reconectar com o menino de seis anos dentro de mim e, era uma questão de prioridade, deixá-lo feliz novamente.

Perguntei-me: Quem sou eu? Por que estou aqui? Qual é a minha missão? Minhas memórias mais felizes são da minha infância. O tempo passado com meu pai. Tomar café com meus avós à tarde. Ficar com minha avó na sala enquanto ela trabalhava em algum de seus projetos. Ouvir música com minha mãe. Voltando a pensar naqueles dias simples, tão felizes, percebi que precisava voltar ao início. Precisava voltar a ser um garotinho.

Comecei a praticar artes marciais e, em seis meses, fiquei um pouco obcecado: tomava café, almoçava, jantava, vivia e respirava capoeira – uma arte que combina elementos de música, jogo, luta e dança. Era como voltar a ser criança. Ia a uma academia de capoeira frequentada por pessoas dos dezoito aos quarenta anos. Mas quando estávamos praticando, todos virávamos crianças.

Também reservei um tempo para viajar. Atravessei os Estados Unidos com alguns amigos em um *trailer*. Claro que poderíamos ter feito a viagem em um ônibus luxuoso, como os usados nas turnês, com motorista e todo o conforto imaginável. Mas eu disse não. Não queria aquilo. Para começar, queria dirigir. E não queria por perto nada que me fizesse lembrar o trabalho. Se tivesse resolvido viajar em um ônibus bonito e grande, isso me faria voltar a lembrar a loucura das turnês, correndo de um show para outro.

De fato, o que eu mais queria era simplicidade. Nas paradas, não procurávamos um hotel chique, íamos a um *camping* onde pudéssemos ficar até a hora de voltar à estrada. Dirigíamos em turnos. Um dia, estávamos passando por uma pequena cidade no Texas e eu estava na direção. Ao que parece, ultrapassei o limite de velocidade, e um policial me parou.

"Eu estava mesmo acima do limite de velocidade?", perguntei. "Nesta coisa enorme?"

"Sim, estava", respondeu o policial. "Você estava a cinquenta e cinco quilômetros por hora e o limite é cinquenta".

Entreguei a ele minha carta de motorista e, quando ele olhou, não acreditou no que estava vendo.

"Como?", ele disse. "Ricky Martin? Aqui?"

"Sim, sou eu", disse, resistindo à vontade de dar risada.

"Mas o que Ricky Martin poderia estar fazendo em uma cidadezinha como esta?"

Conversamos um pouco, contei sobre as férias e perguntei como fazia para chegar a um hotel. Mais tarde, naquela noite, morri de rir só de pensar em como sua família e os colegas da delegacia provavelmente não iriam acreditar nele quando contasse a história.

E assim foi toda a viagem. De uma cidade para a outra, sem luxo ou ostentação. Fui com um grupo de amigos, e no caminho encontramos outros grupos de amigos que moravam em várias das cidades pelas quais passamos.

Passei pelo Grand Canyon, Las Vegas, Vail, Aspen e pelo deserto de Mojave. Ia para onde queria, fazia o que queria, sem praticamente planejar nada. Adorei.

Pela primeira vez em muito tempo me senti totalmente livre, poderoso, capaz de fazer o que quisesse, sem me importar com o que diriam ou achariam. Tinha passado tanto tempo pensando em trabalho, no que se esperava de mim e no que precisava fazer a cada dia que tinha me esquecido de como é acordar de manhã sem ter planos.

Também fui algumas vezes para a Ásia. Fiz uma viagem à Índia que mudaria minha vida. Voltei. Passei uns tempos em Nova York e depois fui para o Brasil, em busca de novas sonoridades. Viajei para o Egito com alguns amigos, sempre tentando permanecer anônimo. Usava um chapéu e, quando chegávamos ao hotel, um dos meus amigos fazia o *check-in*, e eu ia direto para o quarto. Todo dia, quando eu saía, as pessoas olhavam para mim e diziam: "Será que é ele? Não. Não pode ser... Mas parece muito".

Um dia, no Egito, contratamos uma guia para nos levar aos lugares históricos e turísticos e explicar o que estávamos vendo. Enquanto passeávamos, ela me olhava com o canto do olho, mas o tempo todo não disse uma palavra. No fim da tarde, ela não resistiu mais e perguntou: "Com licença. O senhor é o Ricky Martin?".

Sim, sou. Mas não o que você conhece.

Agora sou o Kiki, prazer.

As coisas estavam mudando. Sentia agora necessidade de dedicar o maior tempo possível ao menino dentro de mim. Sentia que precisava desaparecer por um tempo e mergulhar em mim mesmo para me conectar com meus sentimentos mais verdadeiros, meu eu mais profundo. Amores apareceram e se foram, e me permiti vivê-los integralmente. Com mais calma e menos medo, com menos culpa e mais aceitação. Aprendi a amar-me novamente e a ser o menino espontâneo e cheio de alegria que tinha sido um dia.

O PRAZER DO SILÊNCIO

A PRIMEIRA COISA que fiz quando voltei a trabalhar foi gravar um disco em inglês, que seria o primeiro a ser lançado depois de *Sound loaded*. Mas ele demorou uma eternidade para ser feito.

Então, quando estava mais ou menos na metade do caminho, parei de gravar em inglês e voltei a gravar em espanhol. Disso nasceu *Almas del silencio*, onde está a música "Asignatura pendiente", citada anteriormente. Acredito que esse álbum, e mais especificamente essa música, dedicam-se ao menino dentro de mim. A experiência de fazer esse disco sem nenhuma pressão, fazer o álbum que queria fazer, foi um presente para o Kiki. Na verdade, a música de Arjona, "Asignatura pendiente", é um tributo a esse menino, vem de tudo por que passei ao longo daqueles meses.

Não saímos em turnê para *Almas del silencio*, o que foi totalmente novo para mim. Em vez disso, fui para a Europa, Ásia, Austrália e América Latina só fazendo divulgação aqui e ali – tudo como eu queria, sem nenhuma pressão. Também fiz uma certa divulgação, e de um jeito ou de outro, o álbum acabou vendendo 1,7 milhão de cópias só nos Estados Unidos e recebeu discos de prata na Espanha, Argentina e Estados Unidos. É claro que isso nem se compara ao sucesso de *Vuelve* ou *A medio vivir*, mas fiquei satisfeito, porque foi um disco feito com tempo e sob as minhas condições, e, para um disco em espanhol, os números na verdade foram bastante bons. Depois, voltei ao estúdio para terminar de gravar o álbum em inglês, que eu tinha deixado pela metade. Aprendi a minha lição: nunca mais sair em turnê enquanto estiver gravando um álbum. É uma loucura desnecessária, nunca mais vou fazer isso.

O nome do álbum em inglês acabou sendo *Life*, lançado em 2005. Apesar de ser um disco sem dúvida interessante, com muitas influências e sons, devo admitir que não é meu favorito. Queria fazer um disco introspectivo, contemplativo e multifacetado, como a vida. Queria me conectar com minhas emoções. Acho que consegui, pelo menos até certo ponto. Mas esse álbum acabou sendo influenciado por muitas culturas diferentes, e uma parte da crítica a ele foi que, apesar de as músicas serem boas por si mesmas, o álbum como um todo sofria de uma certa falta de coerência.

Minha resposta sempre era: "A vida é exatamente assim", já que cada fase ou período é diferente. Nesse sentido, não sou a mesma pessoa de uma hora atrás, ou a mesma de ontem, ou a que era de manhã. E é justamente isso que torna a vida tão interessante. Dito isso tudo, porém, sei que os críticos estavam certos: a produção ficou espalhada, em grande parte devido ao fato de o álbum ter sido lançado cinco anos depois do começo das gravações. Quando se começa a trabalhar em uma coisa, após cinco anos provavelmente muitas coisas terão acontecido. Novas emoções, novas experiências de vida – e até nova tecnologia! Pode ser um computador, ou uma mudança na fabricação de um instrumento, mas a tecnologia cria uma série de novos sons e influências. E tudo isso afeta o produto final.

De qualquer forma, o álbum era de uma qualidade impecável. Quando paro e penso sobre por que demorei tanto tempo para gravá-lo, acredito ter sido porque estava me escondendo. Em certa medida, acho que ainda estava afetado por tudo o que tinha acontecido com "Livin' la vida loca", a completa exaustão a que tinha chegado e a intensidade de toda a experiência. Foi quase como ficar com o coração partido depois de se apaixonar loucamente. Ainda amava o palco, e me sentia bem diante da plateia, mas, no fundo, temia que o que tinha acontecido antes acontecesse de novo. De certa forma, queria estar lá, mas também não queria. De jeito nenhum.

Demorei algum tempo antes de estar pronto para encarar o mundo novamente. O tempo que passei sob os olhos do público foi um dos períodos mais importantes da minha vida. Aprendi uma lição de humildade: por muito tempo me vi como uma espécie de super-homem que nada poderia deter. Aprendi quais eram os meus limites e, o mais importante, aprendi como dizer aos outros quais são os meus limites. Não iria mais fazer *tudo* que me fosse pedido; não podia mais estar em todo lugar ao mesmo tempo. E nem queria. Aprendi a amar a minha vida novamente, e, acima de tudo, reconectar-me com a pessoa que era antes. Percebi que tudo por que tinha passado nos últimos anos tinha sido sem dúvida um sonho – mas no caminho tinha me esquecido de ser eu mesmo.

Aprendi que, para ser o dono da minha vida, precisava tratá-la com respeito e responsabilidade. Quem deve decidir o que é melhor para mim sou eu; preciso buscar o que preciso, e quando preciso, e não deixar outra pessoa ditar que eu deveria ou não fazer. Minha vida é *minha* e eu a controlo. Até hoje, esse é um propósito a que me prendo muito, porque, se eu não cuidar do meu templo, ou impedir que outros o invadam, então quem vai?

CINCO

O SOM DO SILÊNCIO

As lições mais valiosas da vida são aprendidas em silêncio absoluto. Quando estamos envolvidos nesse silêncio, adquirimos a capacidade de nos conectar com – e raciocinar sobre – nossa natureza mais íntima, nosso espírito. Todos passamos a vida – alguns tendo mais pressa do que outros – buscando a felicidade. Parece simples, não? Mas logo percebemos que, antes de encontrarmos a felicidade, antes até de começarmos a buscá-la, precisamos entender nosso interior. Devemos nos conectar com o garotinho ou a garotinha que temos dentro de nós para descobrir nossos sonhos mais profundos e os meios pelos quais os alcançamos.

Tive a grande sorte de levar uma vida incrível. Extraordinária. Mas, assim como há momentos em que senti estar em meu auge, houve outros em que me senti totalmente afundado, e quando o frenesi de "Livin' la vida loca" chegou ao fim, eu estava num desses períodos. Estava muito cansado e extremamente triste. Não tinha vontade de fazer nada, e ainda que, para os outros, parecesse que eu possuía tudo o que queria, nada material causava efeito em mim. Só queria ficar em casa e não fazer nada. Tinha chegado aos mais altos escalões da indústria musical – algo que busquei incansavelmente –, mas estava de saco cheio e não tinha vontade de aproveitar esse poder. A verdade é que eu estava simplesmente exausto, esgotado e não queria fazer nada. Assim, isolei-me o máximo que pude.

Na época, não percebi que, na verdade, estava bem próximo de muitas coisas extraordinárias que iriam acontecer em minha vida. Apesar de me sentir sem esperanças, tudo estava se alinhando para me levar àquele exato ponto de desespero, em que eu acabaria fazendo perguntas e encontrando respostas com as quais nunca sonhara. Mais tarde, me dei conta de que passei muito tempo olhando para fora, em vez de olhar para dentro. Tomava decisões com base no que minha mente me dizia – de modo automatizado –, ou no que sentia em meu coração – de maneira apaixonada. Sozinhas, ambas as formas de encarar a vida são incorretas, e eu precisava encontrar o equilíbrio entre as duas. Tinha de encontrar meu centro. Precisava ir fundo para encontrar aquelas emoções esquecidas, escondidas e estragadas pela adrenalina e pela euforia que vivi nos anos anteriores.

Após passar por tantas coisas e ter de tudo, queria chegar ao polo oposto: queria encontrar a simplicidade absoluta. Como sempre, a vida me enviou exatamente aquilo de que precisava quando mais precisei.

O PEQUENO IOGUE

No final de 1998, quando estava em meio ao caos de "La copa de la vida" e preparando meu primeiro álbum em inglês, fiz um show em Bangcoc. Ir de um lugar para outro, sem tempo para nada, era nossa rotina. Certa vez, depois de uma coletiva de imprensa, atravessei a cozinha de um hotel para retornar ao meu quarto sem ser incomodado, e de repente, naquele caos absurdo da cozinha, vi um homem que tinha uma aura muito especial. Parecia um pequeno Gandhi. Em outro momento, teria passado por ele sem o notar, mas havia algo nele que me chamou a atenção.

"Olá", falei em inglês.

E ele respondeu em espanhol: "Hola!".

"Hola?", falei. "Você fala espanhol?"

"Lógico", disse. "Também sou porto-riquenho."

"Está aqui de férias?", perguntei-lhe, surpreso.

Ao nosso redor, *chefs* e garçons iam e vinham com grandes pratos de comida. Os seguranças me aguardavam próximo ao elevador, para que eu pudesse voltar rapidamente para o quarto, comer alguma coisa e descansar um pouco antes do show. Mas, naquele instante, senti o tempo paralisado. O homem emanava tanta paz e serenidade que era como se não houvesse nada ao nosso redor.

"Não, não", respondeu. "Sou porto-riquenho, mas vivo em Bangcoc há dezoito anos."

Contou-me que foi monge budista e que havia morado na Índia. Como monge, foi para o Nepal e o Tibete, e passou muitos anos nas montanhas da Tailândia. Mas, certo dia, apaixonou-se por uma chinesa e desistiu de ser monge, para poder se casar e iniciar uma família. Agora trabalhava no hotel.

"Macacos nascem macacos porque o destino deles é morar nas árvores", falou, "e seres humanos nascem para se reproduzir. Assim, deixei de ser monge e hoje estou casado, com duas lindas filhas. Apesar de não ser mais monge, a experiência me ajudou a encontrar meu caminho."

Suas palavras tocaram minha alma. Sua história me encantou, assim como sua sabedoria, mas, acima de tudo, eu sentia algo especial na presença daquele homem e não queria que ele fosse embora. Queria continuar fazendo-lhe perguntas e escutar o resto da história. Não sei se foi por ele ser porto-riquenho como eu, ou por ter uma aura tão especial, mas senti que possuíamos uma ligação muito poderosa. Talvez fosse apenas intuição, mas o fato é que não me enganei.

"Espere um pouco!", disse para ele. "Precisamos conversar. Pode fazer uma pausa para vir comigo? Adoraria conversar um pouco mais com você."

Ele respondeu com um sorriso largo, acompanhou-me no elevador e foi até o meu quarto, onde continuamos nossa conversa.

Naquela época, eu tinha começado a perceber que havia um mundo de disciplinas espirituais que eu ignorava. Um amigo meu, que na época era um dos meus cantores de backing, estava muito interessado em esoterismo, e aos poucos foi me apresentando a este universo. Naquele tempo, bastava alguém dizer "ioga", "carma" ou "meditação" para eu ficar fascinado.

"Isso é incrível. Bem na hora em que começo a ficar muito interessado por esses assuntos, você aparece na minha vida", falei para o ex-monge.

Após ficarmos ali sentados por um tempo, chamei meu amigo, o cantor, para vir se juntar a nós. E nós três começamos a falar sobre a vida. Falamos sobre tantas coisas que nem me lembro mais dos detalhes, mas sei que causaram um grande impacto em mim. Quando fomos chamados para a verificação de som, minha cabeça estava girando. Pedi que meu novo amigo ficasse conosco enquanto fazíamos os testes, e mais uma vez ele aceitou.

Fiquei tão fascinado com a conversa que tentava absorver cada palavra que diziam e todos os conceitos que explicavam. Apesar de eu saber um pouquinho sobre a filosofia que discutiam, a profundidade com que falavam era algo totalmente novo para mim. Ficamos conversando e chegou a hora do jantar; pedimos comida no quarto. Perguntei ao ex-monge: "Você não vai comer?".

"Não se preocupe", disse-me. "Isso aqui me alimenta. Fico satisfeito só de estar sentado aqui conversando e compartilhando ideias com vocês."

Considero esta uma das muitas reflexões sábias que o homem fez naquele dia. É uma pessoa extraordinária, que me abriu os olhos para um mundo totalmente novo, do qual eu nada sabia, e me ensinou o que eu precisava fazer para aprender mais.

Conforme passamos a nos conhecer melhor, a ligação espiritual que senti com ele desde o início tornou-se bastante real. A sensação era de que nos conhecíamos ao longo de toda nossa vida. Assim como se diz que há amor à primeira vista, nossa amizade era como amizade à primeira vista. Hoje, refiro-me a ele como o pequeno iogue, não apenas porque tem o título de "iogue" entre os praticantes de ioga, mas basicamente para que seja lembrado como uma espécie de professor, já que me ensinou tantas coisas. Ele se tornou um guia espiritual para mim.

Sinto que passei a maior parte de minha vida em uma jornada espiritual. Sempre busquei encontrar tranquilidade, serenidade, paz interior, Deus – não importando o nome que se dá a Ele/Ela. Assim, quando encontrei aquele homem, que emanava tanta sabedoria e tamanha compreensão desses assuntos, não demorou muito para eu me convencer de que nós três (eu, meu cantor de backing e nosso novo amigo) precisávamos seguir em uma jornada até a fonte desse conhecimento.

ABRINDO MEUS OLHOS OCIDENTAIS

Oito dias após conhecer o pequeno iogue em Bangcoc, voltei de avião para Miami para a abertura de um restaurante. Mas nossa despedida não foi muito demorada, já que havíamos tomado uma decisão: viajaríamos juntos pela Índia; precisávamos apenas cuidar de alguns assuntos pendentes antes de embarcarmos em nossa expedição. Acima de tudo, o que mais me animava era a oportunidade de fazer uma pausa e dar uma de mochileiro pela Índia. Nunca tivera a chance de fazer algo assim. Pela primeira vez em muito tempo, fiquei empolgado com a perspectiva de viajar, mas o que eu não sabia era que aquela viagem seria radicalmente diferente de todas as outras que já tinha feito.

Pousei em Miami pela manhã, e naquela mesma noite, às sete, ocorreu a abertura do restaurante para o público e a imprensa. Às dez da noite, apenas três horas depois, embarquei novamente em um avião, dessa vez rumo à Índia. Se fosse a trabalho, provavelmente não teria ficado tão animado, mas era algo diferente; eu sentia uma energia especial. Como havíamos planejado, meu amigo, o cantor de backing, foi comigo, e juntos chegamos a Calcutá para encontrar nosso novo amigo.

Eu tinha estado na Índia algumas vezes, mas eram sempre viagens a trabalho e sempre por períodos muito curtos. Apesar de ser um país que me fascinava e intrigava, nunca tivera tempo para explorá-lo do modo devido. Toda vez que visitava uma cidade pela primeira vez, esforçava-me para ver o máximo dos principais pontos turísticos, mas nunca era suficiente para ter uma impressão real do lugar ou do povo.

Havia algo na Índia que me fascinava e me atraía profundamente, e sempre quis conhecer mais daquele lugar. Como país, a Índia já ocupava um lugar especial no meu coração, mas só quando fui com meu amigo, o ex-monge, dei-me conta de que sabia pouca coisa sobre aquele país. Só quando cheguei com uma mochila pendurada no ombro para encontrar meu líder espiritual é que descobri a verdadeira beleza da Mãe Índia.

O pequeno iogue tinha tudo planejado. Passaríamos a primeira noite em Calcutá e, depois, viajaríamos de trem para a pequena aldeia de Puri.

Sempre digo que quem vai à Índia e não visita uma estação de trem não foi à Índia. As estações indianas estão entre os lugares mais incríveis que já vi, cheias de pessoas, movimento, sons, cheiros e cores. O importante é esquecer que é estrangeiro e ver-se como parte do instantâneo e da realidade daquele momento. Caso contrário, o caos que pode sobrevir é suficiente para fazer uma pessoa fugir dali. Centenas de pessoas se amontoam para conseguir um lugar no trem. Há gente gritando e brigando, e seu único desejo é conseguir um espaço para você e sua mochila. Crianças correm ao lado do trem gritando: "Olá! Olá, senhor!".

No dia em que fomos pegar o trem para Puri, em meio a toda a confusão, havia quatro crianças puxando minha mochila e agarradas às minhas pernas. Disse-lhes várias vezes para não fazerem aquilo, até que, por fim, tirei minha mochila e disse: "Parem!".

Elas falavam bengalês. E eu falava-lhes em espanhol e inglês. Mas elas não entendiam nenhuma das duas línguas, e eu, logicamente, não falava bengalês.

Assim, peguei as quatro crianças e disse-lhes: "Esperem!", e comecei a cantar: "*Palo, palo, palo, palo, palito, palo es...*".

É uma tradicional cantiga infantil latino-americana, do tipo que se ensina para crianças bem pequenas.

Elas ficaram hipnotizadas. "Hein?", disseram, com um olhar de surpresa no rosto. Mas logo começaram a imitar as palavras da música.

"*Palo, palo, palo, palo, palito, palo es...*", repetiam.

E assim, de modo totalmente inesperado, ensinei àquelas crianças algo que vinha da minha parte do mundo. Mais uma vez, a música transcendia as barreiras da língua. E, apesar de elas não entenderem uma palavra do que eu dizia, senti que havíamos nos conectado por meio da música. Foi um instante único, em que reduzimos a distância entre nossas culturas e tocamos algo bem profundo de nossa natureza.

Depois de brincar um pouco com as crianças, despedi-me delas e embarquei no trem em meio a toda aquela loucura, e seguimos para Puri.

Puri é uma cidade famosa por abrigar um dos templos mais sagrados da cultura hindu. O templo, que existe há milhares de anos, é chamado Shree Jagannath, por ser dedicado ao deus hindu Jagrená, uma encarnação de Krishna. Apenas os hindus têm permissão para entrar no templo. Todo ano, milhares de adoradores de Vishna-Krishna batem às suas portas para um festival em que montam um ídolo de Krishna sobre uma carroça gigante, que é levada pelas ruas de Puri.

A cidade também é conhecida como Praia Dourada, devido à cor da areia das praias na baía de Bengala. É um lugar com paisagens incríveis, onde se pode assistir ao nascer e ao pôr do sol sem sair do lugar, sem se mexer, e onde, durante o pôr do sol, pode-se olhar diretamente para o sol sem queimar os olhos.

Além de tudo isso, Puri é um retiro espiritual para os praticantes de ioga e o ponto central de muitas religiões. Há muitos *mathas* (monastérios hindus), de vários ramos do hinduísmo, assim como casas de orações cristãs, judaicas e muçulmanas. É impressionante ver todas essas religiões coexistindo. Todas compartilham este extraordinário vilarejo, e cada uma tem seu próprio templo, onde se pode praticar a religião em paz e tranquilidade absolutas. A cidade também é um lugar sagrado, a que as pessoas vêm para morrer e ser cremadas.

Num só dia, vi a cremação de um muçulmano; uma cerimônia hindu que envolve jogar o corpo no rio; e um budista, um cristão e um hindu tomando chá, juntos, num pequeno bar: o monge budista tinha uma *mala* no pulso, o cristão, uma cruz pendurada no peito, e o hindu, uma *tilaka* na testa. Era difícil acreditar. Era uma imagem tão impressionante que minha cabeça começou a girar. Como nós, ocidentais, conseguimos ser tão limitados?

Somos de uma sociedade que diz que, devido a sua religião, uma pessoa é boa ou má. Somos carregados de preconceitos e estigmas culturais baseados em quê? Em nada. Aprendemos a temer qualquer pessoa que seja diferente de nós... Por quê? Por ignorância. Em vez de nos concentramos nas diferenças entre seres humanos, devíamos nos focar nas semelhanças – e o fato é que há muitas! É isso que faço do ponto de vista espiritual, assim como no meu dia a dia. Sempre busco encontrar um denominador comum, e a verdade é que quase sempre acho um. Há milhões de culturas no mundo, certo? Somos todos diferentes, em muitos aspectos, mas no final o que importa é que somos todos seres humanos. A única coisa da qual precisamos para viver é a vontade de respirar. E, quando nos cortamos, o sangue que sai de nossos corpos tem a mesma cor.

A única coisa que desejo para a minha vida, e para as vidas de todos os outros seres humanos, é encontrar paz interior. Não importa o caminho que se escolha para isso. Seja o catolicismo, o islamismo, o budismo, o hinduísmo, o cristianismo, o judaísmo, a física quântica, o taoísmo, o ateísmo – o que importa é encontrar o que funciona para cada um de nós; e como cada mente é um universo único, não é de surpreender que cada um de nós precise encontrar uma maneira diferente de atingir seu próprio estado de paz interior. Nenhuma coisa é melhor do que outra; nenhuma religião é mais eficiente ou mais válida do que outra. A chave é encontrar seu próprio caminho. No budismo, há um ensinamento que diz que o pior que se pode fazer por si mesmo é dizer a outra pessoa que a fé dela é errada. Não se trata apenas de um ato de extrema arrogância em relação a outros – é também a pior coisa que se pode fazer contra seu próprio carma. Esse é um conceito tão poderoso que, se todos o aplicarmos, pode tornar o mundo um lugar melhor.

Para mim, uma das grandes falhas dos seres humanos é sempre procurar maneiras de definir pessoas, classificá-las, rotulá-las. E nessas classificações criadas pelos homens há, logicamente, coisas boas e más. Para não classificá-las como positivas ou negativas, chamando-as de "boas" ou "más", procuro visualizá-las como frequências compatíveis ou incompatíveis com as minhas. Prefiro simplesmente me agarrar às compatíveis, àquelas que me ajudam e alimentam meu espírito, e tento não focar naquilo que rouba a minha paz ou desacelera o crescimento de minha alma. Sempre procuro o que é mais eficiente para mim, o que se alinha mais às minhas crenças pessoais, minha religião ou filosofia. Tento permanecer aberto a acreditar e me esforço para sempre encontrar novos ensinamentos e novos caminhos onde quer que eu vá e em qualquer situação em que esteja. Se me limitasse a ser budista, ou católico, ou hindu, de certo modo estaria me fechando e não receberia lições de outras crenças e filosofias. Tive experiências incríveis com o catolicismo e também tenho uma grande afinidade com certos ensinamentos budistas. Na verdade, vejo muitas semelhanças entre o hinduísmo e o catolicismo, e sinto que encontro em ambas as religiões respostas aos desafios que enfrento em minha vida pessoal.

Há uma história, em sânscrito, que diz que Jesus – durante os chamados anos perdidos, em que, de acordo com a

Bíblia, desapareceu e foi meditar – viajou por toda a Índia e atravessou o Himalaia para chegar ao Tibete. Diz-se que se juntou a uma caravana e viajou pelo Oriente Médio (por Iraque, Irã, Afeganistão e Paquistão), passando pela Índia e Nepal para, por fim, chegar ao Tibete. Existem dezenas de fatos que sustentam essa afirmação, mas a história mais interessante para mim é que, ao retornar de sua viagem, Jesus lavou os pés de seus discípulos. Não parece estranho? Jesus dizia a seus apóstolos que lavar os pés de um ser humano é um sinal de humildade e servidão. Na verdade, esse costume existe em outras religiões, como no islã e no siquismo; e, no hinduísmo, tocar os pés de outra pessoa é um sinal de respeito. Não acho que isso seja coincidência. Para mim, essa informação tem uma razão, cristalizando a ligação que sinto existir entre todas as religiões.

O *SWAMI*

EM PURI, O PEQUENO iogue nos levou até um *ashram* – um local de meditação –, onde ficamos algum tempo estudando ioga e conversando com o *swami* Yogeshwarananda Giri, um mestre sábio que tinha atingido um altíssimo nível na prática de ioga.

O *swami* era um homem muito quieto, que irradiava uma luz muito especial, uma energia bonita. Tive a honra de conhecê-lo porque, em algum momento de sua vida, o pequeno iogue porto-riquenho vivera naquele *ashram* e estudara com o mestre de Yogeshwarananda Giri, chamado Paramahamsa Hariharananda. Assim como o próprio *swami* tinha estudado sob a tutela de um grande mestre, agora outro aluno – o pequeno iogue – estava lhe trazendo uma nova geração de alunos (nós). Antes daquele *swami*, houvera outro *swami*, e mais outro antes deste; é bonito pensar que existe uma longa fila de mestres e estudantes aos quais eu estava tendo acesso naquele momento. Mas é importante deixar claro que o simples fato de ter sido um aluno do *swami* não significa que eu possa ensinar as técnicas que ele me passou, já que não sou treinado para fazê-lo. O *swami* nasceu para ser iogue: passou a vida toda estudando e preparando seu corpo para ser iogue, e esse é o destino dele. Eu, por outro lado, apenas tive o privilégio de aprender com ele, por um breve período.

Na primeira vez que me encontrei com o *swami* Yogeshwarananda, notei que o pequeno iogue – seu discípulo – não lhe beijou os pés, mas apenas os tocou e recitou uma oração. Encarei esse gesto como uma bela demonstração de humildade e respeito. Assim, fiz o mesmo que meu amigo: ajoelhei-me para tocar os pés do homem. Como eu não sabia o que se deve dizer, ou pensar, enquanto se toca os pés de um *swami*, comecei a recitar o Pai-Nosso. Acho que foi a oração mais rápida de toda a minha vida, já que me parecia estranho permanecer ajoelhado diante do mestre por tanto tempo. Era uma situação totalmente nova para mim, e eu não sabia o que fazer. Passavam tantas coisas pela minha mente, imaginei o que diriam meus amigos se me vissem ali. Podia até vislumbrar a expressão do meu empresário, tentando impedir que as pessoas tirassem fotos da cena, as quais certamente acabariam em uma publicação como a revista *People*.

Eu estava rindo por dentro, mas depois me dei conta do quanto representava aquele pequeno ato de humildade. Tinha passado tantos anos vivendo em um mundo de *glamour*, viagens luxuosas, suítes de hotel e jatinhos particulares, que aquele simples ato de humildade era-me muito necessário. Ajoelhar-me e tocar os pés sujos de outro homem era um gesto muito simbólico e poderoso, porque significava deixar de lado meu ego e também a imagem aumentada que tinha de mim, devido a tudo que tinha conquistado. Poderia muito facilmente ter apenas apertado a mão do homem e dito: "Boa tarde, como vai?". Mas não. Ajoelhei-me no chão e toquei seus pés, e a partir daquele instante senti algo vibrando dentro de mim. Senti que estava fazendo a coisa certa, e foi assim que comecei o longo caminho para conseguir me conectar com a parte mais profunda do meu ser. Tinha passado muitos anos separando minha pessoa pública da privada, e estava finalmente começando a encontrar uma forma de reconciliar esses dois polos opostos da minha existência.

Com o *swami*, estudei ioga *kriya*, um tipo bem passivo de ioga que tem muito a ver com reflexão. Não exige muito esforço físico, sendo, em vez disso, um processo de exploração interna. Foi por meio desse processo que o *swami* me ajudou a abrir o chamado *kundalini* – uma energia evolucionária, invisível e imensurável, que sobe pela espinha, atravessando os sete chacras do espírito. É muito louco, pois, supostamente, pela prática da ioga *kriya*, acaba-se começando a escutar os sons naturais do corpo. Segundo a filosofia da ioga *kriya*, o corpo é repleto de sons e fluidos onde a energia vem e vai; porém nós, em nossa corrida maluca para viver no mundo moderno, os ignoramos. Esses sons corpóreos são o que eles, na verdade, chamam de o som do silêncio; e, assim que se consegue escutá-los, eles irão conectá-lo com seu próprio centro, onde serão encontradas tranquilidade, serenidade e paz.

O silêncio na verdade é uma nota única, apenas uma nota. É o som que se ouve quando se apagam todas as luzes e todos os aparelhos em sua residência, quando se está sozinho e deita-se na cama para dormir. O que se escuta nesses momentos é o som do silêncio. E é esse som que se busca escutar por meio da prática. É essa nota que procuro em minha meditação, é ela que permite que eu me concentre e me deixa absorto em relação a tudo ao meu redor. Foi isso que o *swami* me ensinou.

Quando cheguei àquele *ashram*, numa vila perto do mar num canto da Índia, não sabia nada sobre isso. Tinha viajado para a Índia porque achei que era um país interessante, porque eu precisava descansar, porque as palavras do pequeno iogue despertaram a curiosidade em mim. Mas não tinha a menor ideia do que eu estava procurando. Não imaginava o que iria aprender. Na verdade, minha visão era tão simples que, quando me disseram que o *swami* era um mestre de ioga, imaginei que ele fosse me ensinar como me alongar e tocar a orelha com o dedão do pé.

A prática da ioga no Ocidente assumiu um viés totalmente comercial. Hoje é apenas um negócio, e qualquer um pode se tornar um instrutor de ioga ao pagar várias centenas de dólares por um certificado. Mas, na Índia, o país onde nasceu a ioga, as pessoas que a ensinam passaram vidas inteiras se preparando. Bem, não estou dizendo que a ioga comercial seja algo ruim – se funciona para você e lhe dá a paz e a tranquilidade de que precisa, então siga em frente. Mas, como tive a sorte de aprender com um sábio que me explicou toda a filosofia em que ela se baseia, essa é a ioga que pratico.

Naquela viagem, passei apenas quatro dias com o *swami*, mas aqueles quatro dias mudaram minha vida por completo. Todos os dias fazíamos uma cerimônia em que ele repetia vários mantras em sânscrito com o propósito de me ajudar a encontrar aquele som divino, o som do silêncio. Depois que se encontra o som do silêncio e se é capaz de escutá-lo em qualquer situação, seja numa estação de trem – rodeado por montes de pessoas – ou sozinho em seu quarto, fica-se mais próximo de ver o pêndulo divino e sentir uma vibração divina. O pêndulo divino é algo que sempre carregamos dentro de nós; é uma frequência que vai de uma orelha a outra quando fechamos os olhos. Só por meio da prática alguém se torna capaz de apreciar isso. E depois, com mais prática, consegue-se sentir a vibração divina que atravessa todo o copo.

Tudo começa com o silêncio. Depois que você encontra o som do silêncio, torna-se capaz de separar-se de tudo que é físico e de tudo ao seu redor. É aí que você pode avançar para o nível seguinte – a vibração e o pêndulo divinos.

Quando ele me ensinou isso, não apenas acreditei que tivesse encontrado meu centro, mas também me conectei com a energia do universo. Ele se sentou ao meu lado, colocou as mãos em minhas orelhas e logo passei a escutar – aquela nota aguda que vinha bem de dentro de mim. Depois o *swami* colocou uma mão em minha coluna e a outra sobre o meu peito, e perguntou: “Consegue sentir?”.

Naquele exato instante, senti a vibração. Depois ele colocou suas mãos sobre meus olhos e consegui ver o pêndulo, exatamente como ele havia descrito.

Pensei: “O que é isso? Esse homem é um mago!”.

Depois tentei fazer isso novamente sozinho, mas não consegui. Então ele me falou:

"Continue tentando. Continue meditando, porque com a prática você chegará lá. Com a prática, tudo é possível. Quando chegar o fim, todos irão se jogar ao chão e rezar. Quando o caos começar, quando o mundo estiver acabando, com *tsunamis*, furacões e tornados, as pessoas irão se unir e começar a rezar. Será assim que enfrentarão o que está por vir. Mas você... você vai se sentar e encontrar o som do silêncio. Você sentirá a vibração divina em seu corpo e irá ver o pêndulo. O mundo pode estar ruindo ao seu redor, mas você estará concentrado e em paz."

Nunca mais senti aquilo que experimentei com o *swami*, talvez por falta de prática, mas o que permaneceu vibrando dentro de mim foram seus profundos ensinamentos. Aplicando o que aprendi naquela viagem, sinto que o real significado de suas palavras era que não importa quanto barulho ou quantas pessoas estejam ao seu redor; se estiver equilibrado e em paz, é possível estar sentado e conversando com alguém e ainda assim encontrar o som do silêncio. Se você se permitir, pode haver uma viatura de polícia ao seu lado, com a sirene em seu volume máximo, e ainda assim não será escutada. Um avião pode pousar no telhado de sua casa, e você nem irá notar. Esse é o poder do som do silêncio. Ao escutá-lo, é possível desconectar-se de seu corpo e rapidamente conectar-se com sua alma.

Antes de ir para a Índia, raramente passava um tempo sozinho ou em silêncio. Quando entrava em um quarto, ligava imediatamente a televisão, não para assisti-la, mas apenas para ter alguma companhia. O barulho, os sons, me anestesiavam, e dessa forma eu me mantinha bem distante do que estava acontecendo dentro de mim, já que tinha medo de ver as coisas feias que eu poderia descobrir. Mas, quando retornei da Índia, comecei a buscar o oposto. Queria silêncio. *Precisava* de silêncio. Todo dia de manhã, ficava de 35 minutos a uma hora praticando ioga e meditação, e fazia o mesmo às tardes. Esses momentos se tornaram uma parte sagrada do meu dia, e saber que eu os teria me ajudava a me sentir mais calmo nos instantes de caos. Ensinavam-me a enfrentar a mim mesmo, para que eu pudesse começar a destruir, um a um, aqueles medos que me faziam fugir de minha própria verdade.

Infelizmente, algum tempo depois de ter retornado, reassumi minhas velhas rotinas. Se normalmente me permitia de trinta minutos a uma hora para meditar, aos poucos isso se transformou em vinte, depois dez, até que parei de vez de meditar. Será que aqueles momentos em silêncio me deixavam muito próximo de minha verdade, da verdade que, cedo ou tarde, eu teria de enfrentar? Talvez. Mas se alguma coisa era certa, era que ainda não era a hora.

TRÊS GAROTINHAS

MEU SEGUNDO ENCONTRO com os ensinamentos mágicos da Índia ocorreu no final de 2000. Estivera trabalhando incessantemente por dois anos: desde minha última viagem para lá, tive os Grammy Awards, o lançamento de *Ricky Martin* (em inglês), o sucesso que sobreveio com "Livin' la vida loca", a gravação de *Sound loaded* e todo o trabalho de divulgação daquele segundo álbum em inglês. Agora estava em meio a uma pausa, sem saber o que queria fazer a seguir.

Mais uma vez, não tive muito tempo para pensar sobre o assunto, já que o destino já tinha mapeado meu passo seguinte. Um dia, em casa – um daqueles dias em que me sentia particularmente triste e apático –, recebi o telefonema de um colega que estava morando na Índia.

"Ricky, queria que você visse o que tenho feito em Calcutá", falou-me. "Abri um orfanato para garotas."

Naqueles dias, não estava com ânimo para nada. Tudo que queria era ficar trancado dentro de casa, de pijamas, assistindo a filmes, ouvindo música e dormindo. Hoje percebo como eu estava mal; vejo fotografias minhas tiradas naquela época e quase não me reconheço. Meus olhos estão sem vida – parecem totalmente vazios –, e meu sorriso tem uma aparência de total falsidade.

Contudo, a ideia de ir para a Índia me deu uma sacudida. Não sei – talvez fosse pela sensação de profunda paz que tive lá anteriormente, ou talvez porque estivesse começando a me conectar comigo mesmo, mas algo dentro de mim dizia: "Você tem de fazer isso". Era quase como se, em algum nível orgânico, eu soubesse o que me aguardava lá.

"Maravilha!", falei para ele, com um entusiasmo renovado. "Eu vou!"

Alguns dias depois, embarcava num avião rumo a Calcutá. Cheguei à Índia, mas dessa vez não estava nem um pouco preparado para encontrar o que descobri.

O orfanato era um lugar impressionante, muito bem pintado e decorado, e apresentava muito espaço para se brincar e estudar. Havia uma escola de música e uma escola primária e secundária; e oferecia aulas de culinária para as meninas que não queriam estudar... O lugar era um sonho. Quando terminou minha turnê, falei para o meu amigo: "Você tem aqui uma Disney World para garotas!".

Meu amigo fundou uma instituição fantástica que oferece cuidado e educação para garotas desamparadas em Calcutá. O trabalho que fez lá é incrível e muito inspirador. Ele se dedicou a resgatar garotas das ruas mais perigosas da cidade e oferecer a elas um lugar para morar, uma alternativa de vida.

Meu amigo não se importou com o fato de eu ter acabado de chegar, com a possibilidade de eu estar cansado e sofrendo com o *jet lag*: logo me convidou para acompanhá-lo no resgate de mais garotas nas ruas. E, apesar de não ter a menor ideia de como iríamos fazer isso, logicamente aceitei.

Saímos para explorar as ruas. Fomos a todas as esquinas dos bairros mais pobres de Calcutá, e andamos por ruas compridas e sujas, entre multidões, buscando garotas abandonadas, ou coisas piores. Foi chocante ver os lugares onde elas costumavam viver. Nas favelas de Calcutá, quatro galhos e um pedaço de plástico formam uma casa, e ter um pedaço de plástico para proteger-se da chuva é sorte. Muitos não têm. Perguntei a meu amigo: "Por que você resgata apenas garotas? Por que há apenas garotas no centro, e nenhum garoto? Os garotos também não precisam de ajuda?".

"De uma forma ou de outra, os garotos de Calcutá sobrevivem", explicou-me. "Eles mendigam, trabalham ou descobrem outra maneira de sobreviver. As garotas também são fortes e capazes, mas muitas vezes são forçadas a se prostituir, e é isso que tento evitar."

"Como assim?", perguntei. "Estamos falando de meninas que têm quatro, seis anos... Como assim?"

"Infelizmente, é isso mesmo", respondeu. "É horrível, mas acontece o tempo todo. Há homens dispostos a pagar para estuprar uma garota de quatro anos."

Ele não precisou falar mais nada.

Vasculhamos aqueles bairros até encontrarmos um grupo de mendigas, exatamente o tipo de meninas que corriam o risco de cair na prostituição infantil. Eram três garotas e a mãe. Viviam sob uma sacola plástica pregada numa parede de concreto, e o outro lado estava amarrado a uma árvore. Chovia, e lá, sob aquele minúsculo teto improvisado, estavam a mãe e suas três filhas, uma das quais muito doente. Não havia tempo a perder. Com a ajuda de um garoto, que traduzia tudo para o bengalês, explicamos a situação para a mãe: os motivos pelos quais acreditávamos que a menina corria riscos, o que poderia acontecer a ela e as alternativas que oferecíamos por meio da instituição. Ela compreendeu e aceitou, e assim levamos a mãe e as três garotas conosco – inclusive aquela que estava doente – para o meu hotel.

Mas, quando chegamos, as pessoas olhavam para nós com expressão de nojo. Era um hotel elegante, e os incomodava ver uns dez ocidentais entrarem naquela atmosfera refinada com um grupo de mendigas. Estava tão preocupado com elas que não me importei com os olhares enquanto entrava com duas meninas em meus braços, e a mãe vinha atrás de mim carregando a garotinha doente. Uma menina, que também trabalhava como voluntária no orfanato, e que depois se tornou uma amiga próxima, falou para eles: "São minhas convidadas", e isso teria de bastar.

Os funcionários do hotel não gostaram nem um pouco de eu levá-las para o meu quarto, mas acho que, devido a uma mistura de hospitalidade e respeito, permitiram que eu fizesse o que me agradasse. Ao chegar ao quarto, telefonamos para o médico do hotel, que subiu rapidamente. Entretanto, ao entrar em meu quarto e ver quem eram as pacientes, falou: "Meu Deus! O que é isso?".

"Bem", falei, "são três meninas e sua mãe, e uma delas precisa de seus cuidados... ela está muito doente."

As três meninas estavam cheias de mordidas de ratos. As duas mais velhas estavam sujas e muito magras, mas relativamente em boa forma. Porém, a pequenina, que devia ter quatro ou cinco anos, parecia estar à beira da morte. Seus olhos estavam revirados, e ela parecia fraca como uma boneca de pano.

Olhei para o médico.

"Precisamos dar alguma coisa para a menorzinha", falei-lhe. "Não sei o que ela tem, mas, por favor, faça algo."

O médico nem se aproximou da garotinha.

"Está bem", falou, apontando para um lenço, "por favor, pegue aquele pano e limpe-a."

"Mas, senhor!", falei-lhe. "Se fosse apenas questão de limpá-la, eu o teria feito há muito tempo. Preciso que o senhor a examine e me diga o que ela tem. Preciso que o senhor verifique os olhos dela, os ouvidos, a temperatura... o que quer que tenha de fazer, diga-me se ela está doente ou se é uma infecção – mas me diga o que é!"

Ainda assim, ele não queria tocá-la.

"É que... eu não sei...", falou.

"Veja!", disse, dessa vez com mais firmeza. "Tenho antibióticos que trouxe comigo dos Estados Unidos. Posso dá-los a ela. Mas não sou médico, e preciso que o senhor me diga o que ela precisa!"

"Não sei...", continua a responder aquele homem que se dizia médico.

Não aguentei mais e falei: "Quer saber? Não precisamos de você. Por favor, vá embora." Ele girou e saiu, sem sentir nenhuma vergonha. Simplesmente pegou suas coisas e disparou pela porta, agradecendo-me na saída.

Não conseguia acreditar naquilo. Sempre acreditara que o dever de um médico era salvar vidas, todas as vidas que precisavam ser salvas, mas aquele "médico" aparentemente era médico apenas daqueles que ele queria cuidar. De acordo com o sistema de castas na Índia, aquelas meninas e sua mãe eram consideradas "intocáveis" (a casta mais baixa), e mesmo numa situação de vida ou morte o médico não iria tocá-las. A hierarquia das castas é um conceito profundamente estabelecido na cultura indiana e tem uma razão de ser, apesar de eu não conseguir compreendê-lo. Mas é assim. Não irei julgá-lo. Devido à minha criação e às muitas coisas que vi neste mundo, não consigo compreender.

Atravessamos a noite, e logo de manhã o médico do orfanato chegou, e ele, logicamente, não tinha nenhuma restrição quanto a examiná-la. Verificou seus olhos, sua pulsação, e após um exame completo falou: "Esta menina tem apenas um vírus estomacal".

"Como assim?", perguntei, surpreso. A maioria de nós fica doente quando come um pedaço de frango que não foi bem cozido, ou frutos do mar mal lavados, mas aquelas meninas... aquelas meninas tinham nascido nas ruas e comiam qualquer coisa que lhes aparecesse. Os estômagos delas deviam ser de aço! Sabe-se lá o que ela teria comido para ficar tão doente!

"Estou lhe dizendo", respondeu. "Basta que ela tome este remédio, e em poucas horas estará bem."

Assim, ela tomou o remédio, e duas horas depois aquela garotinha estava correndo de um lado para o outro do quarto, montando em minhas costas. Agarrou o controle da televisão e não parava de perguntar o que era cada coisa.

Naquele dia, elas dormiram na suíte do meu amigo. No dia seguinte, levamos as três garotas e sua mãe para o orfanato, que não fica exatamente em Calcutá, mas a mais ou menos uma hora de carro da cidade. Foi bonito, porque, quando chegamos, as outras garotas vieram correndo para nos receber. Todas eram lindas, vestidas em seus uniformes com coroas de flores ao redor dos pescoços. Também colocaram grinaldas ao redor dos pescoços daquelas que tinham acabado de chegar.

Até hoje, aquelas três meninas vivem no orfanato e estão muito felizes. Algum tempo depois, juntaram-se à irmã mais velha, que tinha fugido no momento em que pegamos as meninas. Tinha medo porque não sabia quais eram as nossas intenções, mas quando foi, com sua mãe, visitar as irmãs, e viu como elas estavam bem, decidiu ficar lá também.

A mãe, contudo, retornou para as ruas. Uma espanhola que ficara sabendo da situação deu-lhe um apartamento, a fim de tirá-la das ruas, porém, após uma semana morando lá, decidiu voltar para sua esquina, onde poderia mendigar. "Sou feliz aqui", falou. "É isso que sei fazer. Deixe-me aqui. Não preciso de mais nada."

E, apesar de estar nas ruas, é uma mãe incrível. Visita as filhas nos finais de semana e mantém um relacionamento com elas. Embora vivam separadas, ela parece feliz por ver que suas filhas estão vivendo em condições melhores do que aquelas que poderia oferecer.

Hoje sou o padrinho das três meninas mais jovens, assim tenho conseguido contribuir para tornar a vida delas melhor. Estão felizes, mas o que não sabem é que me deram muito mais do que eu jamais poderei dar-lhes. Elas me dão força, me dão esperança e me fazem ver o que é realmente bonito na vida, pois me ensinaram que a única coisa realmente necessária para se viver é o desejo de respirar.

Tudo na vida tem seu tempo. Aquelas meninas entraram em minha vida no momento que eu mais precisava delas, para me dar firmeza e me mostrar um toque de simplicidade. Elas me forçaram a reavaliar minhas prioridades e me mostraram que a verdadeira beleza da vida reside nas coisas mais simples. Apareceram em um momento de minha vida em que eu queria agradar a gravadora, os membros de minha banda, minha família, meus amigos... mas que não percebia que, ao tentar agradar a todos, estava me traindo, porque não pensava em mim, no que eu realmente precisava para ser feliz. Acreditava que minha felicidade consistia em agradar os outros, e isso me arruinou por muito tempo. Com as meninas, aprendi que a felicidade aparece nos momentos em que se consegue finalmente se despegar de todos esses tipos de complicações.

Elas me diziam: "Venha sentar-se no chão. Vamos brincar". Tinham apenas três seixos, e era com isso que brincávamos. Então por que precisamos de todas essas coisas – computadores, *videogames*, televisões, sistemas de som, carros – para nos divertirmos? Aquelas meninas me ensinaram que se minhas roupas estão passadas, legal, e se não estão, legal também. A maioria das coisas que frequentemente consideramos "importante" não é, na verdade, tão importante. A vida é simples ou complicada, depende apenas de nós.

Depois que conheci as meninas e descobri a simplicidade com que viviam e a inocência que carregavam em suas almas, apesar da vida difícil que tiveram, senti um desejo imenso de retomar o contato com Kiki, o menino que abandonei quando entrei em um avião naquele dia chuvoso em San Juan. Há algo tão bonito na inocência da juventude, que parte meu coração saber que existem tantas crianças que são impedidas de aproveitar seu direito básico de ser criança.

ENCONTRANDO O EQUILÍBRIO

Quando olho para trás, percebo que aquelas viagens para a Índia me marcaram profundamente. Pode-se achar que tenha sido uma enorme coincidência passar por ambas essas experiências naquele país extraordinário, mas, no fundo de meu coração, sei que não é. Sei que o cosmos me enviou aquelas lições porque tinha de ser assim, e porque existe alguma coisa naquele país, em suas cores, em seu povo e em sua energia, que vibra na mesma frequência de minha alma.

Tudo que peço do cosmos vem na hora certa. Levei um tempo para entender isso, mas agora que sei e integrei isso em minha filosofia, tenho uma vida muito mais pacífica. Em vez de me preocupar com o que poderia ser ou com o que poderia ter sido, prefiro focar o presente e o que preciso fazer para alcançar minha própria felicidade, porque, o que quer que me faça falta, sei que, no fim, o cosmos irá colocar no meu caminho.

Foi graças ao silêncio que descobri por meio dos ensinamentos do meu *swami* que consegui, pela primeira vez, me olhar no espelho e ver quem era aquela pessoa ali refletida. Na paz e tranquilidade do *ashram*, os rituais diários de limpeza, culinária e meditação, encontrei a bolha de silêncio de que precisava para me reconectar com o garoto que fui. Consegui me abrir para o universo e escutar o que ele me dizia, e descobri um mundo de beleza e transparência. Dali em diante, encontrei o equilíbrio que tanto buscava, e pela primeira vez entendi que o que mais quero na vida é doar – e doar de uma maneira bem concreta –, porque, no final das contas, essa é a melhor forma de receber.

Na Índia encontrei o que considero as três chaves da vida: serenidade, simplicidade e espiritualidade. Consegui compreender a enorme bênção que é a minha vida, e descobri que a verdadeira riqueza não é algo exterior, mas habita dentro de mim. A partir daquele momento, a gratidão assumiu grande parte de minha vida, e, em vez de esconder todas as coisas que me causavam dor e desconforto, comecei a olhar para elas de cabeça erguida, sem medo.

SEIS

O PAPEL DE MINHA VIDA

Tenho certeza de que não sou o único, mas passo muito tempo procurando o propósito de minha vida. Logicamente, quero ter o tipo de trabalho pelo qual seja apaixonado, uma família que me ame, um amigo que me apóie... mas lá no fundo, abaixo de todas aquelas coisas que parecem mais necessárias do que todo o resto, habita o meu desejo de contribuir para o mundo de um modo profundo e perene. Acima de tudo, minha existência na Terra durará pouco (em termos relativos), e o desejo de deixar uma marca é algo bem natural.

Por muito tempo, achei que a forma de contribuir para o mundo, de mostrar gratidão por todos os milagres e favores recebidos, era por meio da música. Quando subo para cantar no palco diante de milhares de pessoas, sinto uma vibração muito humana e poderosa. A música permite que eu me conecte com o público de um modo visceral, e por meio dela sinto que consigo transmitir toda a minha essência, meu ser. É um privilégio único ser capaz de sentir o que sinto quando estou lá em cima, e esse sentimento sempre me fez acreditar que esta era a minha missão: levar alegria, ritmo e movimento para outros.

Mas, depois de minha última viagem para a Índia, comecei a perceber que me apresentar não bastava. Apesar de subir ao palco produzir uma imensa satisfação, trata-se de um sentimento que é só meu. As três meninas, e minhas experiências no país, me fizeram notar o que de fato me faltava.

ENCONTRANDO MINHA CAUSA

Estava num momento da vida em que questionava tudo. A sensação de ajudar aquelas garotas fora tão poderosa que eu não mais sabia se a música era de fato a minha missão, ou se tinha sido simplesmente uma ferramenta que me ajudara a encontrar o caminho da filantropia e ajudar os mais indefesos. Retornei da Índia pensando muito naquilo que meu amigo me dissera, e em como aquelas três meninas poderiam facilmente ter caído no tráfico de pessoas. Quando voltei para casa, fiquei três dias dormindo direto, devido à sensação de esgotamento depois de tudo que tinha visto. Aquela experiência me abalou profundamente, e eu ainda não sabia como me adequar a essa nova consciência que teria para o resto de minha vida. Sabia que não queria levar a mesma vida de antes, e que precisava fazer alguma coisa; apenas não sabia o quê.

Quando finalmente saí da cama, depois de descansar pelo que me pareceu uma eternidade, comecei a investigar. Entrei na internet e comecei a ler tudo que podia sobre tráfico de pessoas. Percebi que esse problema não acontecia apenas na Índia, e que se tratava de uma epidemia que afetava o mundo todo. Notei que, na realidade, não é necessariamente uma questão de riqueza ou pobreza, mas sim de valores, de direitos humanos – o que deixa tudo ainda mais trágico. Enquanto houver pessoas que querem continuar a acreditar que meninas ou meninos devem ser explorados pelo simples motivo de serem jovens e indefesos, esse tipo de crime continuará a existir.

Minha pesquisa despertou muita raiva, fúria e frustração dentro de mim. Descobri que, a cada ano, mais de um milhão de crianças se tornam vítimas de tráfico. Sabe o que isso significa: mais de um milhão de crianças por ano? Isso significa que a cada dia quase três mil crianças são raptadas, vendidas, abusadas e Deus sabe o que mais acontece a elas. E a maioria delas são meninas. Há homens dispostos a pagar quinze mil dólares pela virgindade de uma garota de oito anos. O fato de haver homens por aí que pensem assim é, para mim, incompreensível, e na minha opinião quem deixa isso acontecer – e não faz nada – merece ser preso.

Depois de toda essa pesquisa, ciente de tudo que estava em jogo e vendo o que podia ser feito, fui para Washington, D.C., e me encontrei com pessoas que até hoje são meus mentores na luta contra o tráfico de pessoas. Elas me ensinaram tudo que eu precisava saber para promover essa luta de um modo tangível e me guiaram para que eu pudesse ajudar da maneira mais eficiente possível.

E foi assim que comecei a trabalhar pela causa. Acho que havia um pouco de egoísmo em meu desejo de ajudar, porque o fiz em grande parte para aliviar a dor que senti por testemunhar tamanha tragédia. Precisava de uma espécie de catarse, precisava afastar toda a angústia, a raiva e a frustração que senti ao ver o que poderia ter acontecido às minhas três meninas e o que acontece a milhões de crianças que sofrem todos os dias nas mãos de adultos que abusam delas. É uma situação irritante, pois, de alguma forma, parece que se está nadando contra a corrente. Há tanto trabalho a ser feito que qualquer coisa que eu fizesse não representaria mais que uma gota no oceano. É possível que se salve uma criança, mas a cada dia há milhares mais que continuam a ser forçadas a se prostituir ou se tornar escravas sexuais – essa é a realidade da escravidão moderna, e o mais triste de tudo é que isso acontece em cidades de todo o mundo.

Então o que *pode* ser feito?

Quando me interessei por essa causa, sabia que não seria fácil. A situação não estava sendo ignorada por completo, já que muito fora discutido e escrito sobre o assunto ao longo dos anos. Contudo, faltava uma verdadeira consciência da gravidade do que estava de fato acontecendo. O crime acontece em vários níveis: o termo "tráfico de pessoas" inclui as fábricas que exploram seus funcionários, prostituição, trabalho forçado, exploração sexual de menores, escravidão e tráfico de órgãos. Na área da prostituição, há prostituição infantil e pornografia infantil. É uma pirâmide com vários níveis.

Quanto mais eu pesquisava, mais encontrava. Estudei os mínimos detalhes sobre o assunto, e foi assim que surgiu o projeto People for Children da Fundação Ricky Martin; por meio dele, defendemos crianças que são exploradas ou correm o risco de exploração. Esse projeto, que já existe há muitos anos, nasceu da fúria que senti depois de ter visto aquilo e de todas as pessoas com quem me encontrei. É minha maneira de apoiar a causa, apesar de saber que o trabalho que realizamos nunca será suficiente. Gostaria de ser capaz de fazer muito mais.

O NASCIMENTO DE MINHA FUNDAÇÃO

PEOPLE FOR CHILDREN foi, na verdade, um desdobramento de uma fundação que já existia, a Fundação Ricky Martin. A fundação foi idealizada para ajudar crianças deficientes em Porto Rico, um projeto realizado com a ajuda da organização Easter Seals/SER, de Porto Rico, por meio da qual foi criado um centro de reabilitação de crianças. Na verdade, a Easter Seals/SER já tinha um centro de reabilitação em San Juan, a capital. Mas há crianças que vivem em outras partes da ilha que não conseguiam chegar ao local devido à distância. Assim, abrimos um centro de reabilitação em Aibonito, uma cidade localizada na parte central da ilha, aonde pessoas de lugares bem distantes conseguiam chegar mais facilmente. Desde a abertura, as crianças puderam receber tratamento que antes não lhes estava acessível.

Depois, com a fundação já funcionando, decidimos ampliar o espectro de suas funções a fim de levar música para as crianças de Porto Rico. E, como muitas outras coisas em minha vida, o projeto surgiu de uma mera casualidade. Será mesmo?

Minha sobrinha, que à época frequentava uma escola de artes, é flautista, e estava me mostrando o instrumento que seu pai havia comprado para ela. Mas, enquanto conversávamos, ela mencionou uma coisa que me deixou surpreso: às vezes, ela precisava emprestar sua flauta para outras crianças da turma, que não tinham nenhuma. *Como assim?!*, pensei. Uma ilha como Porto Rico, com belas tradições musicais, e as crianças sem instrumentos! Assim, me aprofundei no assunto e me informei melhor sobre a educação musical no sistema escolar de minha ilha e percebi que isso era algo inexistente. Liguei várias vezes para o Departamento de Educação de Porto Rico e descobri que naquele tempo não havia sequer um departamento responsável por música – e, se houvesse, eles simplesmente não atendiam ao telefone. Não sei se as coisas mudaram desde então, mas espero que sim. Investigando um pouco mais, percebi que algumas escolas tinham departamentos de música, com salas de aula e alguns poucos instrumentos, porém, em geral, os instrumentos eram usados ou estavam em condições péssimas (e quase sempre em quantidade insuficiente). Como em muitas partes do mundo, nunca há fundos suficientes para educação, muito menos para educação musical.

A primeira coisa que fizemos foi formar uma aliança com a Yamaha e a Federal Express para adquirir um milhão de dólares em instrumentos musicais para as escolas de Porto Rico. Infelizmente, não pude participar da entrega dos instrumentos, mas meus irmãos e minha amiga Mireille Bravo, que comandava todo o programa, organizou de forma que todas as caixas de instrumentos fossem colocadas no meio da quadra de basquete. Foi um sucesso enorme, porque os alunos apareciam e gritavam "Uau!" ao ver todas as caixas. Mesmo os estudantes que não haviam se matriculado em música se inscreveram para poder usar os novos instrumentos. Os professores não acreditavam ao ver tudo que chegara, e, em nível pessoal, fiquei feliz por saber que estávamos fazendo algo pelos futuros músicos de minha ilha.

Esses foram os primeiros projetos da Fundação Ricky Martin, que desde a sua origem foi parte integrante do meu dia a dia. Hoje a fundação concentra-se em vários campos – não podemos fazer tudo, mas fazemos o que podemos, tanto em âmbito local como mundial. Um dos projetos que estamos desenvolvendo em Porto Rico é o centro holístico para jovens em Loiza, uma cidade na costa norte da ilha, onde se veem muitos problemas relacionados a brigas de gangues. A ideia é construir um lugar onde possamos manter essas crianças ocupadas e longe das ruas. O centro oferecerá aulas, mas haverá também um espaço para ensinarmos meditação, ioga, artes plásticas e todo tipo de atividade que possa mantê-las ocupadas. Acredito que um dos maiores problemas dos jovens de nossos tempos seja a ociosidade. Quando têm muito tempo livre, surgem mais oportunidades para criarem problemas; portanto, nosso objetivo é criar um lugar onde fiquem sempre ocupados, um lugar que será como um parque de diversão para crianças de todas as idades, de zero a dezoito anos. Também queremos oferecer apoio a meninas grávidas, para que possam dar à luz em um ambiente saudável. A ideia é começar a tratar dessas feridas que se abriram na sociedade e ajudar os membros de gangues – que estão matando uns aos outros – a começar a ver que seus "inimigos" não passam de crianças como eles. Em junho de 2009, a Fundação RTL, da Alemanha, selecionou nossa proposta para a construção do centro em Loiza como projeto internacional (junto com quatro outros projetos europeus) a ser apoiado com os recursos obtidos por meio de seu famoso Teleton. É um projeto de longo prazo que levará algum tempo para ser implementado, mas estamos realizando-o com muito amor.

Desde o instante em que criamos a fundação, foi como se eu tivesse enviado uma mensagem para o universo de que desejava fazer alguma coisa, e de repente começaram a aparecer para mim muitas maneiras de ajudar. Basta dizer "Quero fazer alguma coisa", e *bum*, as oportunidades começam a surgir. É, na verdade, questão de escolher as causas que são mais importantes para cada um ou que lhe tocam o coração de alguma forma, porque há muito a ser feito. Comecei com música e um centro de reabilitação para crianças com deficiências, que cobriam as áreas de saúde e educação, duas causas que considero muito importantes. A justiça social viria depois.

Só sei que devolver causava uma sensação maravilhosa. Na verdade, produzia sensações melhores do que qualquer outra coisa que eu tivesse feito antes. E sei que poderíamos ter feito mais naquela época, mas com o pouco que fizemos comecei a ver resultados muito positivos, que me enchiam de alegria. Era saudável para o mundo, e eu também me sentia muito bem por fazê-lo.

Apesar de eu devotar o máximo de tempo possível para minha fundação e conseguirmos muitas realizações, ainda sinto que são insuficientes, e estamos sempre procurando novas maneiras de fazer mais. Mas às vezes as coisas acontecem por acaso; no meu caso, recebi um telefonema de um colega na Índia que me levou a descobrir a realidade terrível do tráfico de pessoas. Não importa qual seja a causa que o motiva ou o inspira a aprender mais, confio que a consciência de ser quase impossível erradicar todos esses problemas irá nos inspirar a todos para fazer o máximo que pudermos, e ainda um pouquinho mais.

O HORROR DO TRÁFICO DE PESSOAS

Quando começamos a trabalhar na questão do tráfico de pessoas, um dos obstáculos que tivemos de enfrentar é que se trata de um problema colossal e brutal, sendo muitas vezes difícil chamar a atenção das pessoas para ele. É como olhar diretamente para um campo de batalha. Dói saber que as pessoas costumam olhar para o outro lado. Foi o que aconteceu comigo quando vi pela primeira vez. Falei: "Como assim? Há pessoas que compram e vendem atos sexuais com uma criança de quatro anos? Isso não é possível". Mas é. E não podemos deixá-lo de lado só por ser um assunto tão horripilante. É exatamente por isso que devemos enfrentá-lo de cabeça erguida, com nossos olhos bem abertos, com o objetivo de conscientizar o maior número de pessoas.

Assim como várias pessoas, às vezes, quando descubro alguma das atrocidades que acontecem no mundo, sinto vontade de correr na direção oposta. Não quero saber o que está acontecendo porque não estou pronto para escutar. Assim como todo mundo, também tenho meus próprios problemas, e pode ser difícil pensar sobre o que poderia fazer para ajudar. Mas descobri que, quanto mais estudo, mais sei e, então, sinto-me mais preparado para enfrentar a realidade da situação e dar minha contribuição para encontrar uma solução para o problema.

Então, aprendi que, quando busco o apoio de outras pessoas, a melhor forma de o fazer é tranquilizá-las a respeito da situação geral: começo indicando os fatos básicos, aos poucos adiciono detalhes, explicando, até que elas possam captar a situação e, por fim, compreendê-la. Apesar de eu ser bem explícito nas descrições e explicações do problema, preciso tomar cuidado, porque não quero intimidar possíveis apoiadores. Pelo contrário: quero que todos assumam um interesse verdadeiro pelo assunto. Não vou fazer uma imagem cor-de-rosa da situação só para que as pessoas deem atenção, mas vou apresentá-la da melhor forma possível para que compreendam e não fiquem assustadas. Sei que não posso perseguir políticos e cidadãos do mundo para forçá-los a me ouvir, então é fundamental que eu saiba como atingi-los e fazer com que me escutem, convencendo-os, assim, de que, se todos juntarmos nossas forças, podemos fazer diferença.

Quero que o mundo entenda que a exploração existe, que há homens e mulheres que comercializam escravidão sexual, os serviços sexuais de uma criança, e que também existem pessoas dispostas a pagar por tais serviços. No Camboja, conheci uma menina de catorze anos de idade que tinha sido vendida e estuprada. Era uma garota bonita. Seus raptores diziam-lhe: "Se vier com a gente, vamos transformá-la em modelo, e o dinheiro que você ganhar será enviado para a sua avó para que ela consiga pagar pelos medicamentos e tratamentos de que precisa". Nessa situação, não é necessário dizer que a menina não hesitou em aceitar a oferta. Estavam oferecendo-lhe a oportunidade de uma vida e, além disso, uma solução para a doença de sua avó. Como poderia dizer não? Mas a realidade era, lógico, bem diferente. Eles a raptaram e colocaram-na em um bordel, onde um homem nojento a estuprou, deixando-a grávida e com o vírus HIV. Se não tivesse sido encontrada e levada para um orfanato, onde ela e seu bebê receberam cuidados, o que teria acontecido com ela?

O pior de tudo é que ela não é um caso isolado. Há milhões de crianças com histórias semelhantes. Conheci uma garota que tinha sido vendida para traficantes por seu próprio pai, para poder alimentar os outros filhos; ela já estava infectada com o vírus da AIDS e tinha um bebê de três meses de idade. Quando eu a conheci, ela não sabia se o bebê também estava infectado, porque naquela época levava alguns meses para se poder dizer se um bebê nascera com HIV ou não.

Ouvi centenas de histórias semelhantes. O governo tenta combater isso, mas é como tentar evitar que as ondas do oceano quebrem. A demanda é grande demais. Existem muitos homens no mundo que curtem forçar crianças a ser escravas sexuais.

Certa vez, fui a Phnom Penh, capital do Camboja, em uma missão de pesquisa para a minha fundação. Existe um calçadão aonde vão alguns turistas, e é possível encontrar dezenas de pervertidos seduzindo crianças. Muitos bares têm um mezanino com camas. Vi homens pagando para dormir com meninas de oito anos de idade ou meninos de seis anos, e meu estômago revirou. Percebo que isso continua a acontecer e digo para mim mesmo: "Que posso fazer? Estou trabalhando como louco por esta causa, e é como se eu não tivesse feito nada".

Isso me deixa louco da vida. Fico cego de raiva quando vejo um homem pagar $300 para fazer sexo com uma menina de oito anos. É algo que não consigo compreender e não posso aceitar. Todo homem que seja capaz de fazer isso é um criminoso, e deve ser enterrado vivo para ser comido por vermes. E por que isso me deixa tão bravo? Não apenas por ter sobrevivido a isso, mas basicamente por ser desumano, e testemunhei essa crueldade com meus próprios olhos. Também vi a degradação dessas crianças na câmera; vi um vídeo de meninas de cinco anos de idade, com os olhos cheios de terror, respondendo a perguntas como: "Você faz pum pum? Ou ñum ñum?".

Apavoradas, respondiam: "Ñum ñum, sim. Mas não pum pum".

Ñum ñum refere-se a sexo oral, e pum pum é todo o resto. No vídeo, é possível ouvir o criminoso, que mostra as garotinhas como se fossem uma mercadoria. Diz: "Aqui estão as mais caras... as virgens". E, quando ele abre a porta, veem-se cinco meninas, de mãos dadas e tremendo. Então surge um homem grotesco, lambendo os lábios, que fala: "Talvez aquela ali, a terceira...".

As meninas geralmente vêm de famílias muito pobres. Um dia, aparece um traficante na casa delas e diz aos pais que, se derem as crianças, tudo mês serão enviados $ 1.000 para eles. Como podem dizer não? Mil dólares é o equivalente a cinco anos de trabalho. Os pais veem como uma oportunidade de comprar alimentos e remédios, e dizem à filha que é hora de começar a trabalhar.

E é assim que tudo começa.

Há traficantes que dizem trabalhar para uma agência de modelos. E isso, evidentemente, anima as meninas e suas mães. Que menina nunca sonhou em um dia se tornar modelo? Contam que há uma agência europeia na capital que está buscando garotas que tenham olhos e cabelo como o dela, e que ela aparecerá na televisão e em desfiles de moda. Mães e filhas aceitam na hora. Mas, assim que as meninas são tiradas de suas casas, são jogadas em um bordel.

Toda vez que acho que já ouvi de tudo, que não é possível haver uma história mais terrível do que a que acabei de escutar, surge uma ainda pior. Participo de conferências em todo o mundo – em Nova York, Viena, onde quer que exista o problema do tráfico de pessoas – e sempre fico sabendo de novos casos que foram trazidos à tona. E o mais surpreendente é perceber que, na verdade, nada sei sobre a malícia humana. Sempre quis acreditar que os seres humanos são bons por natureza, mas, quando ouço essas histórias, percebo que não é o caso: assim como existem pessoas no mundo que são incrivelmente boas e generosas, há também aquelas terrivelmente ruins. As atrocidades são tão assustadoras que sempre surge um momento em que sinto que deveria desistir e ir para casa, porque, não importa o que eu faça, o tráfico de pessoas continuará sendo uma batalha difícil. É um monstro imenso e poderoso.

Não importa quantas leis e regulamentos existam para controlar o tráfico de pessoas; há muitos países em que as leis simplesmente não são obedecidas. Em outros, as leis são atrasadas. Por exemplo, existem países muito poderosos na América Latina em que a prostituição é tolerada, e a Constituição diz que um garoto se torna homem aos dezoito anos, e uma menina se torna adulta aos doze. Portanto, se uma menina de doze anos de idade for vista na beira da estrada vendendo seu corpo, bem, tecnicamente – e de acordo com a lei do país – ela é considerada adulta e tem todo o direito de ser prostituta. É imoral? Acho que todos concordariam que é imoral. Mas é ilegal? Não. E é aí que reside a tragédia.

Isso realmente me deixa frustrado. Fico me perguntando: se os próprios governos de certos países permitem que isso aconteça, se eles não percebem que estão explorando suas próprias meninas, suas próprias cidadãs, então o que estou fazendo? Estou tentando abolir a escravidão no século XXI?

Mas no fundo sei que não importa quão difícil ou impossível possa parecer; tenho de seguir com minha luta. É um daqueles testes que todos temos de enfrentar na vida. As coisas mais importantes nunca são fáceis de alcançar; e quanto mais importante a causa, mais temos de lutar por ela. Subir até o topo de uma montanha exige mais que um salto.

Uma das coisas que me ajudaram a seguir em frente foi um ativista escocês que conheci no Camboja. Disse-lhe que, às vezes, sinto vontade de abandonar a causa, porque a realidade da luta constante me deixa muito desapontado. Parece que não importa o que eu faça ou com quem fale, e todo dia ouço histórias de mais jovens prostitutas ou mais crianças que são vítimas de estupro. É como se eu desse um passo para a frente e vinte para trás.

Ele me ouviu com atenção e depois disse algo que nunca vou esquecer: "Concentre-se nas pessoas que você ajudou. Cada vida que você salva é apenas uma vida. É menos uma vida escravizada. Não se concentre naquilo que foi incapaz de realizar, ou no que ainda precisa ser feito. Concentre-se no que foi *capaz* de realizar. Você tirou três meninas da rua. E amanhã pode ter a oportunidade de salvar mais uma. Isso é algo para comemorar".

Ele está certo. Para continuar com essa luta, como em qualquer batalha, é crucial se concentrar no que foi conquistado e nos resultados produzidos. E não se entregar ao desapontamento quanto aos objetivos que ainda devem ser alcançados. Cada vida salva é uma vitória nessa batalha interminável.

Há uma história que eu adoro e que ilustra perfeitamente o argumento daquele ativista escocês. Era uma vez um homem que andava pela praia e chegou a um lugar onde havia milhares de peixes jogados na areia, morrendo longe da água. O homem começou a atirar os peixes de volta ao mar. Outro homem, que estava passeando, viu aquilo e perguntou: "O que está fazendo? Você sabe que não conseguirá salvar todos".

"Não, não serei capaz de salvar todos", disse o primeiro. E, ao arremessar mais um peixe para a água, falou: "Mas este aqui, eu posso salvar".

A moral da história é óbvia: todo passo dado é importante. Qualquer esforço faz diferença, não importa quão pequeno seja.

Para mim, isso significa dedicar ainda mais tempo ao meu trabalho como porta-voz, ajudando a aumentar a consciência sobre o que está acontecendo. Em um nível pessoal, acho que preferiria estar nas ruas lutando nas trincheiras e salvando crianças todos os dias. Mas sei que dou mais força ao movimento, à causa e ao ativismo se colocar um terno e gravata e falar diretamente com o Congresso dos Estados Unidos sobre os horrores que estão acontecendo. É por isso que preciso falar com lobistas, com parlamentares e com todas as pessoas influentes que possam de alguma forma contribuir para essa causa a que tenho me dedicado, porque leis devem ser criadas e, por conseguinte, rigorosamente cumpridas.

Às vezes me parece algo muito difícil, porque não entrei na filantropia para andar para lá e para cá de terno e gravata conversando com outras pessoas de terno e gravata. Entrei na filantropia porque meu primeiro contato foi diretamente com aquelas crianças. Foi por esse contato com elas que entendi a urgência da situação; ver o sorriso de felicidade no rosto de uma criança que se tenha livrado de tais horrores é um dos mais belos presentes da vida. Mas parte do que aprendi ao longo do caminho é que todos têm de ajudar com as ferramentas que receberam. Assim, apesar de eu preferir passar meus dias caminhando pelas ruas de Calcutá à procura de garotas para resgatar, o fato de eu ser uma celebridade cria uma outra dimensão de trabalho que eu posso realizar para ajudar, que é algo que nem todos podem fazer.

FAZENDO BARULHO

Sempre tentei viver minha vida do modo mais discreto possível; quando estou fora do palco, não gosto de ser o centro das atenções. Na verdade, quando iniciei a fundação, queria fazê-lo anonimamente, porque estava envolvido naquilo por um desejo pessoal de ajudar crianças, não para mostrar ao mundo o que faço para parecer bom. Muitas pessoas me incentivaram a divulgar o que eu estava fazendo, mas a última coisa que queria era pessoas pensando que eu estava fazendo aquilo para chamar a atenção ou ganhar publicidade. O que importava para mim era ajudar as crianças da melhor maneira possível, não as pessoas descobrirem que "Ricky Martin faz isso" ou "Ricky Martin faz aquilo". Mas uns ativistas contra o tráfico de pessoas com quem trabalhei alguns anos atrás fizeram me ver que eu estava errado.

"Como assim? Você não quer que as pessoas saibam?", diziam. "Isso é um absurdo! Precisamos da sua voz. Faz anos que estamos fazendo isso, e quase ninguém nos conhece. Mas se alguém como você, um artista bem conhecido e respeitado pelo público, começa a berrar a nossa mensagem para o mundo, não acha que fará alguma diferença? As pessoas vão dar atenção a você. Talvez não façam o que você pede, mas ao menos vão prestar atenção, e só isso já é um progresso."

É incrível o fato de, como artista, eu ter o poder de convencer e criar algum tipo de consciência. Desmond Child, certa vez, disse para mim: "Ricky, não se envergonhe de ter esse poder. Use-o! Nem todo mundo o tem. Todos vêm ao mundo com uma missão, e é por isso que Mahatma Gandhi foi e continua a ser Mahatma Gandhi, Martin Luther King Jr. foi Martin Luther King, Jr. e o Dalai Lama é o Dalai Lama. Não estou dizendo que você precisa ser como eles, mas, cara, quando você fala alguma coisa, as pessoas escutam".

Pessoas que fazem isso para conseguir atenção da mídia nem deveriam se incomodar em fazê-lo. Devem fazê-lo somente se vier diretamente do coração. No entanto, não posso culpar aqueles que não são sinceros. É possível que alguns colegas não tenham emprestado suas vozes para uma causa por não terem ainda encontrado algo que mexa com eles e os motive. Pode ser que até hoje não tenham estado diante de um problema que os force a se levantar e dizer: "Chega!". Trabalhei como um louco por treze anos antes de despertar para isso. E, embora seja tentador pensar em tudo o que eu poderia ter feito se tivesse começado antes, a verdade é que eu não teria sido capaz de o fazer. Lembre-se: na vida, tudo tem seu momento certo. Encontrei as meninas no momento exato em que precisava encontrá-las, porque foi quando eu estava pronto para oferecer mais. Desde menino, trabalhei duro por algo que eu adorava: a música. E fiz isso porque queria fazê-lo, não porque fui forçado. Minha infância foi maravilhosa e única. Se escolhi essa causa, é porque ela apareceu no meu caminho e me tocou profundamente. Ela me emocionou. E sinto que, se eu vir algo com que não concordo e não fizer nada a respeito, então estarei de certa forma permitindo que aquilo aconteça; é como se eu fosse um cúmplice. Se nós, que estamos todos juntos aqui nesta terra, não cuidarmos uns dos outros, quem o fará? É nosso dever. Todos temos responsabilidades sobre o caminho espiritual. Pode ser lutando contra o tráfico de pessoas; ajudando os idosos; ajudando os indefesos; lutando pelos direitos da comunidade GLBT (gays, lésbicas, bissexuais e transgêneros); ou alimentar os mal nutridos – mas todos temos a obrigação de lutar pelo que acreditamos, ajudar os desfavorecidos e cuidar dos mais necessitados.

Então começamos a fazer algum barulho. E cada vez mais, porque eu queria criar uma consciência: queria que o mundo inteiro ouvisse o que tenho a dizer e que acreditasse que, juntos, podemos lutar contra essa epidemia. E parecia que fazer barulho funcionava, porque, pouco tempo depois, muitas organizações famosas e confiáveis se interessaram em formar parcerias com a Fundação Ricky Martin. Essas alianças eram muito importantes, porque eu sabia que, sozinho, não poderia fazer muita coisa. No mundo das organizações sem fins lucrativos, parcerias são fundamentais. Mesmo que eu saiba exatamente o que quero fazer, isso não significa necessariamente que saiba como fazê-lo. Uma coisa é dizer: "Eu quero ajudar as meninas"; outra, totalmente diferente, é ir a campo e ajudá-las. É por isso que eu tinha de encontrar outras organizações já experientes no trabalho com as causas que mais me importavam. Dali em diante, começamos a trabalhar com instituições como o Banco Interamericano de Desenvolvimento, a Unicef, a Save the Children, a Atest (aliança para acabar com a escravidão e o tráfico), a Universidade Johns Hopkins, a Organização Internacional para as Migrações, a Universidade de Porto Rico, a Coalizão da Flórida contra o Tráfico de Pessoas e até mesmo a Microsoft.

Um dos programas que desenvolvemos com a Microsoft destinava-se a um problema específico. Infelizmente, uma das maneiras mais fáceis de traficar crianças é pela Internet. Traficantes infiltram-se em fóruns de discussão, e as crianças começam a conversar com eles, tornando-se amigos – logicamente sem saber que estão conversando com um adulto. E, enquanto os pais pensam que seus filhos estão conversando com os amiguinhos, eles estão na verdade falando com um traficante diretamente da sala de estar de sua própria casa. É aterrador. Para aumentar a conscientização a respeito desse problema, juntamos forças com a Microsoft para criar um programa chamado Navega Protegido (navegue com segurança), com a finalidade de proteger crianças no ciberespaço. O Navega Protegido é uma campanha que educa pais e professores sobre todos os riscos que se apresentam para uma criança ao navegar na rede.

Mesmo que não consigamos abolir por completo esse tipo de coisa, pelo menos podemos conscientizar as pessoas. Colocamos anúncios em sistemas de transporte público: "Você sabe com quem sua filha está conversando na internet?". E nos aeroportos, onde crianças raptadas são embarcadas em aviões para outros países, colocamos anúncios que diziam: "Você sabe para onde vai viajar? Você conheceu essa pessoa na internet?".

Depois disso, lançamos um projeto chamado Llama y Vive (Telefone e Viva), um disque-denúncia em que vítimas de tráfico de pessoas podem pedir ajuda. Realizamos campanhas de mídia para divulgar os números de telefone e recebemos um retorno surpreendente. Certo dia, uma mulher foi até uma estação de rádio que tinha divulgado os números e falou: "Olá, ouvi sobre a campanha Llama y Vive, e não tenho telefone. Mas sou uma vítima". Logicamente, o pessoal da rádio chamou imediatamente as autoridades, que por sua vez entrou em contato conosco para cuidarmos da reabilitação da mulher. E dessa forma salvamos mais uma. Todas as vidas importam.

As ações da Fundação Ricky Martin continuam crescendo, e estamos sempre procurando novas maneiras de combater o tráfico de pessoas. No início de 2010, em colaboração com a corporação financeira Doral, lançamos um novo programa comunitário para mobilizar a consciência social. Estou convencido de que este é um problema que podemos resolver. Não importa quão grande seja, não importa quão generalizado possa estar em todos os países do mundo, sei que temos conseguido criar mais consciência; e se as pessoas virem os perigos enfrentados pelas crianças com seus próprios olhos , talvez possamos fazer uma diferença.

DESASTRES NATURAIS

UMA DAS COISAS que pouquíssimas pessoas sabem sobre o tráfico de pessoas é que os traficantes em geral se aproveitam de situações extremas, como terremotos, inundações ou guerras, para raptar as crianças que estão mais vulneráveis. Algumas das experiências mais intensas que vivi desde que entrei na luta contra o tráfico de pessoas foram as visitas a lugares afetados por desastres naturais, como o *tsunami* de 2004 e o terremoto de 2010 no Haiti. Nunca mais conseguirei apagar aquelas imagens da mente, e a verdade é que não quero: não quero esquecer toda a destruição, dor e desolação que vi, porque não quero esquecer que, todo dia, devo seguir na luta pela minha causa.

O *tsunami* ocorreu às 9h33 do dia 26 de dezembro de 2004, nas praias de Patong, na Tailândia. Segundo testemunhas, a primeira onda media cerca de dez metros de altura. Destruiu tudo em seu caminho. Revirou carros, fez prédios desmoronarem, derrubou árvores, esmagando os escombros com suas águas turbulentas. As ondas causaram enormes prejuízos e milhares de mortes na Indonésia, na Tailândia, no Sri Lanka, na Índia, na Somália e nas Maldivas. Deixaram em seu rastro mais de 287 mil mortes e mais de 50 mil pessoas desaparecidas. Um terço dos mortos eram crianças.

Embora a notícia tenha corrido por toda a mídia, só fiquei sabendo disso vários dias depois. Estava em uma ilha particular em Porto Rico, comemorando meu aniversário com um grupo de amigos. Embora a ilha fosse totalmente comunicável, eu queria permanecer desligado, e fiquei uma semana inteira sem olhar para o meu celular. Não sabia o que estava acontecendo em Porto Rico, muito menos o que ocorria no outro lado do mundo. Queria apenas me divertir, nadando no mar, relaxando na areia, cantando e ouvindo música.

Assim, foi só em 3 ou 4 de janeiro, quando voltei para San Juan, que fiquei sabendo do *tsunami*. Minha primeira reação foi de total agonia. Se o *tsunami* tivesse sido no Atlântico, em vez de no outro lado do mundo, eu provavelmente teria desaparecido da face da terra, já que estava em uma ilha plana e não havia para onde correr. Acho que, por ter acabado de retornar de um longo descanso ao lado do mar, foi-me ainda mais doloroso imaginar que, do outro lado do planeta, o oceano tinha se transformado em um monstro.

Fiquei completamente abalado. Vi o caos na televisão, toda a devastação, escutei os relatos sobre os milhares de mortos e desaparecidos, e sobre as crianças que estavam perdidas e em busca de seus pais, que naquele momento só Deus sabia onde estavam. E de repente me dei conta de que era um cenário perfeito para traficantes: milhares de crianças traumatizadas, órfãs, perdidas e desamparadas, dispostas a aceitar ajuda de qualquer pessoa que oferecesse. Assim que essa ideia me passou pela cabeça, não havia mais como apagá-la. Sabia que aquelas crianças estavam em risco e que eu precisava fazer algo a respeito. E rápido.

Telefonei para o diretor executivo da fundação e disse: "Precisamos ir imediatamente para a Tailândia".

"Está bem", falou, "e o que vamos fazer lá?"

"Não sei", respondi. "Só sei que temos de ir e precisamos fazer barulho, para que as pessoas deem atenção ao que está acontecendo."

Sabia que era um daqueles momentos em que seria essencial utilizar meu poder de convencimento. Estava disposto a subir no telhado de um prédio qualquer e gritar: "Atenção! Crianças podem estar sendo vítimas de tráfico neste exato momento. É possível que sejam raptadas enquanto falamos!".

E é mais ou menos isso o que fizemos. Convidamos uma escritora porto-riquenha que viajava muito conosco. Toda vez que partíamos para uma missão na Jordânia ou em Calcutá, ela se juntava a nós para documentar tudo o que acontecia nas viagens. Enquanto nos preparávamos para partir, recebemos o telefonema de uma produtora do *Oprah Winfrey Show* perguntando se íamos fazer alguma coisa. Assim, convidamos a moça para se juntar a nós; e foi por isso que acabamos acompanhados por câmeras de um dos programas de televisão mais assistidos do mundo. Era difícil imaginar uma aliança mais perfeita. Ainda nem tínhamos chegado, mas sabíamos que faríamos barulho!

Partimos em um voo de San Juan para Nova York, para depois voarmos de Nova York para Londres e de Londres para Bangcoc. Enquanto estávamos no voo de Nova York para Londres, com a imprensa e as câmeras no avião, ainda não tínhamos roteiro. A viagem foi tão repentina que nem tivemos tempo para planejar o que fazer. Da maneira como as coisas estavam indo, íamos pousar em Bangcoc e ter de dizer a todos: "Por favor, aguardem aqui enquanto alugamos um carro...". Quando conto isso agora, sinto vontade de rir; mas, naquele momento, nossas mentes estavam atordoadas, pois não tínhamos um plano detalhado sobre o que fazer, bem diferente da forma como eu estava acostumado a trabalhar, tampouco a equipe da Oprah. Mas aquela era uma missão que veio diretamente do coração, e, em meio ao caos, eu não parava de repetir, como um mantra: "Tudo vai ficar bem. Tudo vai ficar bem".

Em Nova York, o diretor executivo da fundação entrara em contato, por telefone, com a embaixada da Tailândia em Washington, D.C., dizendo-lhes que Ricky Martin estava a caminho do país e queria ajudar no que fosse possível. Havia aceitado o conselho dos ativistas de não ter medo de usar meu nome por uma causa em que acreditava.

Chegamos ao aeroporto Heathrow, em Londres, e meu diretor executivo voltou a contatar a embaixada da Tailândia em Washington, e soube que o embaixador estava muito feliz por querermos ajudar e ofereceu apoio irrestrito. Mais uma vez, os planetas se alinharam para que tudo fluísse de modo mágico. Ou talvez seja apenas o poder da mente, que é incrível. Nessas horas de pressão total, meu mantra ajudava muito – disso não duvido nem um pouco.

Quando chegamos a Bangcoc, tudo estava resolvido. Fomos apanhados no aeroporto e tivemos uma reunião com o primeiro-ministro, na qual ouvimos um resumo do que tinha acontecido e de como a situação estava sendo tratada. Depois nos levaram para as áreas mais afetadas pelo *tsunami*.

Era difícil de acreditar. O terremoto que causou o *tsunami* sacudiu as ruas da ilha de Phuket às 7h58, hora local, desmoronando tudo sobre pedestres e motociclistas, e fazendo com que motoristas perdessem o controle de seus carros. A magnitude do terremoto, 9,1 graus na escala Richter, foi a terceira maior medida desde a existência do sismógrafo; foi tão forte que fez o planeta inteiro tremer e sair quase um grau de seu eixo. O epicentro do tremor foi a quase quinhentos quilômetros de Phuket, a oeste de Sumatra, no fundo do oceano. (A maior magnitude já registrada foi durante o Grande Terremoto do Chile em 1960, também conhecido como o terremoto de Valdivia, que provocou um *tsunami* que devastou Hilo, no Havaí, a mais de dez mil quilômetros do epicentro.)

O primeiro tremor durou mais de oito minutos. Quando acabou, o pior ainda estava por vir. Cerca de uma hora e meia depois do terremoto, as pessoas que estavam nas praias de Phuket notaram que o mar começou a recuar rapidamente. Algumas foram investigar e pegar uns peixes que ficaram encalhados em terra firme com o recuo súbito da água. Aqueles que estavam na praia de Mai Khao, ao norte da ilha, tiveram muita sorte, porque uma menina britânica de dez anos, que tinha estudado *tsunamis* em uma aula de geografia no ensino fundamental, reconheceu os sinais de um *tsunami* iminente. Ela informou os pais, sua família alertou os outros que estavam na praia e todos conseguiram escapar. Não muito longe dali, um professor escocês também reconheceu os sinais do que estava por vir, e conseguiu lotar um ônibus com turistas e moradores locais e ir para um ponto seguro.

Infelizmente, o mesmo não ocorreu em outras áreas. Muitos saíram para investigar, ou permaneceram calmamente no local, sem perceber o que estava acontecendo. A primeira onda veio minutos depois, e o impacto arremessou barcos e carros para o ar, destruiu casas e arrancou árvores do chão.

A segunda onda veio trinta minutos mais tarde, e trinta minutos depois veio a mais forte de todas, que se estimou ter quase 35 metros de altura. Esta transformou as ruas em rios violentos e sujos, cheios de detritos, chegando até o segundo andar de muitos edifícios e destruindo quilômetros de praia.

Por todo o oceano Índico, ocorreram outros *tsunamis* de magnitude semelhante, atingindo as costas de Bangladesh, Indonésia, Sri Lanka e, sete horas após o terremoto inicial, a Somália. Foi o *tsunami* mais letal da história, deixando toda uma região devastada, que até hoje luta para se recuperar por completo.

Quando cheguei à Tailândia, cerca de dez dias após o terremoto, fui levado para a região de Pang Na e disseram-me que havia áreas onde o estrago era cinco vezes pior do que aquele que eu estava vendo. Era algo realmente difícil de imaginar, pois ali, onde eu estava, a situação já era muito triste. A escola foi transformada em hospital, a casa de uma pessoa virou escola e um templo budista era agora necrotério. Assim, o templo, lugar aonde normalmente se vai para encontrar algum tipo de vida espiritual, era povoado com morte física. Pare e pense nisso por um instante.

Mas, em meio a tanta devastação, havia também esperança. Muitas crianças ficaram órfãs, mas sentia que ainda podia fazer algo por elas. Em momentos como esse, como expliquei antes, os traficantes aproveitam o caos decorrente dos desastres naturais. Aproveitam-se do desespero da situação e, literalmente, vão pescar nas ruas. Sabem que vai haver muitas crianças perdidas, sem família para protegê-las e muito assustadas. Quando deparam com uma criança chorando por sua mãe, sabem que ela vai acreditar em alguém que diz: "Sei onde estão seus pais. Venha comigo".

É assim que elas são pegas. E é exatamente por isso que eu queria ir para lá. Onde quer que haja uma catástrofe natural, onde haja caos, há a oportunidade que um traficante busca explorar, aproveitando-se dos mais vulneráveis e roubando seus direitos humanos mais básicos.

Em um hospital em que órfãos estavam sendo alojados, conheci o mais jovem sobrevivente do *tsunami*, que fora apelidado de Baby Wave. Baby Wave apareceu no meio da cidade flutuando em um colchão, com poucos dias de idade. Alguém prendera um bilhete à sua roupa: "Encontrei este menino na região da praia, mas não tenho comida para lhe dar. Não tenho nada para ele. Por favor, cuide dele".

Era um milagre em meio a toda aquela destruição; assim, os enfermeiros o protegiam como se fosse uma pequena joia. Mas tiveram de escondê-lo em um escritório e monitorá-lo dia e noite, porque, quando a imprensa ficou sabendo que havia sido encontrado o mais jovem sobrevivente do *tsunami*, pessoas vieram de tudo quanto é canto afirmando ser seus pais, ou mesmo um tio. Contudo, quando as enfermeiras se dispunham a realizar um teste de DNA, todos desapareciam.

Havia gente que até fingia ser médico, dizendo que precisava levá-lo para outro hospital a fim de realizar um exame. Era tudo mentira. Eram todos traficantes que queriam pegá-lo e vendê-lo, ou sabe-se lá o quê. Era inspirador o amor que as enfermeiras demonstravam no cuidado com Baby Wave, e segurá-lo em meus braços foi outro momento do qual lembrarei para sempre. Ele significava esperança.

Em meio a tanta morte e sofrimento, também vi algumas coisas muito bonitas. Conheci, por exemplo, a mulher que transformou sua casa em escola, porque sentia que era importante as crianças sobreviventes terem onde estudar. Era uma casa muito modesta, com chão de barro, localizada em uma pequena vila de pescadores tailandeses. Todo dia de manhã, sessenta crianças iam até lá, e ela as colocava em uma pequena área no interior da casa onde havia um quadro-negro para que elas pudessem ler e escrever. Eram crianças de todas as idades, até nove ou dez anos. Havia cadeirinhas, e eles usavam tábuas de madeira como mesa. Talvez, para nós, isso não seja muito, mas a verdade é que não lhes faltava nada. Tinham comida e água, uma casa calma e limpa para estudar e alguém para cuidar deles.

A mulher que abriu sua casa era muito inteligente, porque sabia que não era questão apenas de crianças seguindo seus estudos; tinha consciência de que, na verdade, eles precisavam se ocupar com alguma coisa. Era importante que mantivessem suas mentes ativas, para que não tivessem tempo para raciocinar sobre a enorme tragédia que enfrentavam. O fato de poderem ficar com ela o dia todo os mantinha a salvo, porque, se aquelas crianças não estivessem na escola ou em outro lugar em que ficassem protegidas, era possível que os traficantes viessem pegá-las.

Aquela mulher viu as necessidades das crianças e fez tudo o que estava a seu alcance para ajudar. E, ao se dedicar a sessenta crianças durante aquela tragédia horrível, fez uma diferença monumental em suas vidas.

Depois de alguns dias visitando as diversas áreas danificadas, voltei para Porto Rico e realizei um evento para levantar fundos. Foi um café da manhã em San Juan, onde me reuni com empresários e outras pessoas ilustres da ilha. No evento, dei um testemunho sobre tudo o que vi na Tailândia. Falei para eles sobre a dor que senti ao ver tanta destruição e a raiva que tinha devido ao que estava acontecendo, e os convidei a se juntar a mim na ajuda àquelas áreas. Assim como os suíços, noruegueses, finlandeses, russos, chineses e indianos estavam dando uma mão, era necessário que nós, em Porto Rico, também fizéssemos alguma coisa. *Qualquer coisa.*

E foi isso que aconteceu. Aquelas pessoas, e outras mais, contribuíram para que pudéssemos construir casas para algumas vítimas das áreas mais destruídas da Tailândia. Mas, como não tenho o conhecimento ou a experiência para aquele tipo de projeto, aliamo-nos à Habitat for Humanity, uma organização global sem fins lucrativos dedicada à construção de casas seguras e dignas para pessoas carentes em mais de noventa países ao redor do mundo. Falei com o primeiro-ministro da Tailândia, e ele foi muito gentil e me ajudou a encontrar um espaço onde as casas poderiam ser construídas. A maior parte dos fundos levantados para a construção veio por meio de vários esforços colaborativos de minha fundação, e ainda contamos com outras doações. Aliado às ligações e conhecimentos técnicos da Habitat for Humanity, e todos os voluntários locais e internacionais que doaram seu tempo em prol dos nossos esforços conjuntos, bem como a população local, que doou materiais de construção adicional para as casas, conseguimos construir, no total, 224 casas.

Deu-me uma satisfação enorme. Todos misturamos cimento e colocamos a mão na massa. Coloquei o cimento nos tijolos e, depois, cortei os tijolos. Eu nunca trabalhara com construção antes, mas havia muitos voluntários lá que também nunca tinham colocado um tijolo. E todos nos divertimos muito. Na época, não pude ver nenhuma das casas totalmente concluída, mas consegui terminar uma parede que, espero, fará parte da casa daquela família para sempre.

Mas não foi só isso. Após passar alguns dias na Tailândia, cumpri minha outra obrigação: retornei para os Estados Unidos para ir ao *Oprah Winfrey Show* e contar ao mundo o que estava acontecendo. Apresentamos o vídeo em que eu aparecia visitando uma das áreas mais destruídas, e mostramos às pessoas não apenas o que tínhamos feito, mas também tudo o que ainda havia por fazer (e ainda há).

É provável que existam pessoas que pensam que fiz o que fiz para me promover. Se for o caso, que todos achem o que quiserem. Talvez alguns anos atrás eu sentisse a necessidade de justificar minhas ações. Mas agora sei que a única coisa que realmente importa é o que eu penso. Meu único objetivo era fazer as pessoas compreenderem a necessidade de ajudar aquelas áreas danificadas, e apresentar-lhes tudo o que podia ser feito nesse sentido. Há tantas maneiras de ajudar, e em tantos níveis diferentes, que acredito que todos precisam encontrar uma maneira de fazê-lo, seja com dinheiro, tempo ou qualquer outra coisa. Em todo caso, senti-me muito orgulhoso do que fizemos. Principalmente quando, alguns meses depois, tive o privilégio de voltar para a Tailândia para entregar as chaves à família que se mudaria para a casa que tínhamos começado a construir durante a minha viagem anterior, e para conhecer outras famílias que se mudariam para outras casas que patrocinamos. Esse foi mais um dia que vou lembrar para sempre. No total, mais de mil pessoas, em duas áreas afetadas pelo *tsunami*, acabaram se beneficiando permanentemente do trabalho que tínhamos feito.

Eu conseguia ver a alegria nos rostos das famílias ao entrar pela primeira vez em seus novos lares, e agradeci aos céus pela chance que tive de ajudar. Também fiquei muito grato por ter sido capaz de presenciar aquelas famílias reconstruindo suas vidas como amor que as uniu e lhes deu a força para enfrentar e superar qualquer coisa.

Algo semelhante ocorreu no início de 2010 quando um terremoto brutal abalou todo o Haiti. Ao ver as primeiras imagens na televisão, e muito tocado pela proximidade entre Haiti e Porto Rico, senti que tinha de ir para lá o mais rápido possível para descobrir como ajudar. Mas, assim como no *tsunami* da Tailândia, um monte de gente tentava me convencer a desistir, dizendo: "É um caos total, Ricky. O que você vai fazer lá?". Entretanto, assim como no *tsunami*, senti no fundo de minha alma que era algo que tinha de fazer. Precisava ir lá, andar pelas ruas e viver o que nossos irmãos e irmãs haitianos estavam vivendo, para descobrir o que eu podia fazer para ajudar. Só estando lá eu poderia sentir, repercutir e compreender o que estava acontecendo, e então dar uma mão.

E a verdade é que eu nunca poderia ter imaginado o que encontraria ao chegar em Port-au-Prince. Era um caos total, mas um caos bem diferente de tudo que já tinha visto antes, mesmo na Tailândia. As estruturas tinham desmoronado – havia áreas em que não se via um único edifício em pé – e as ruas, para onde quer que se olhasse, estavam repletas de cadáveres e restos dos mortos. E, principalmente, nenhuma organização. Enquanto na Tailândia havia algo que lembrava ordem, por meio do governo e das entidades locais que permaneceram, no Haiti não havia nada. Não havia nenhuma estrutura governamental comandando as ações, nem mesmo líderes comunitários, até porque a maioria tinha morrido. Estar no Haiti era como viver numa espécie de inferno na terra; nunca tinha visto nada parecido. A devastação era tamanha que até as organizações especializadas na recuperação após catástrofes naturais, profissionais no assunto, estavam totalmente perdidas e não sabiam por onde começar.

Como na Tailândia, após visitar a área mais destruída, concluímos que a melhor maneira de ajudar seria construindo lares. A intenção era a mesma: se as crianças têm um lar para onde voltar, vão ficar longe das ruas, lugar em que são mais vulneráveis aos traficantes. Em todos os projetos de nossa fundação, sempre tentamos ver o cenário maior. Não se trata de encontrar uma solução justa para hoje e amanhã apenas. Queremos encontrar maneiras de ajudar que sejam permanentes e sirvam para prevenir, no futuro, mais tragédias ou situações perigosas.

Assim, novamente unimos forças com a Habitat for Humanity, e, juntos, estamos implementando soluções habitacionais, tanto a curto quanto a longo prazo, para crianças e famílias do Haiti. Já propiciamos abrigos temporários emergenciais e alojamentos para centenas de afetados pelo terremoto e, em breve, começaremos a construção de casas permanentes. Mais uma vez, nossa aliança está proporcionando segurança e abrigo para crianças cujas vidas poderiam estar em perigo devido a uma catástrofe natural, e assim estamos oferecendo-lhes esperança para o futuro. Mal posso esperar o dia em que conhecerei as famílias haitianas e lhes entregarei em mãos as chaves de seus lares permanentes, que serão construídos com amor, assim como as casas da Tailândia. Mas, antes, com a colaboração de muitos colegas do show business, gravei uma série de anúncios de convocação pública (em inglês e espanhol) exortando o mundo a ajudar o Haiti. É um processo lento, mas certamente estamos fazendo uma diferença, ainda que minúscula, diante do mar de problemas que o Haiti enfrenta hoje. Mais uma vez, aqui, como em tantos aspectos da minha vida, aprendi que tenho de me focar no que fiz, e não no que falta fazer. Caso contrário, ficaria desesperado.

SETE

PATERNIDADE

Cedo ou tarde chegamos a um ponto em que ambicionamos algo mais para nossas vidas. Começamos a perceber que já não basta apenas existir no mundo e sentimos a necessidade de transcender quem somos para nos tornarmos maiores. Para mim, a aspiração se manifestou no desejo de ser pai.

Ainda que meu trabalho no combate ao tráfico de pessoas tenha, de alguma forma, suprido meu desejo de fazer algo que me parecia importante, não posso dizer que foi o suficiente para preencher minha alma. Tinha chegado a um ponto em que precisava de mais: uma família minha. Para mim, ter um filho significa estar pronto para se entregar por completo, e era exatamente assim que eu me sentia. Já não queria mais esperar o momento certo ou o parceiro perfeito para fazê-lo: estava pronto para ser pai e, tendo entendido isso, fiz o que precisava fazer para transformar meu sonho em realidade.

DANDO UM SALTO

Na verdade, tudo começou com Baby Wave, porque, ao conhecê-lo, tive vontade de adotá-lo. Na época, disseram-me que pais solteiros não têm permissão para adotar na Tailândia, então era melhor nem pensar nisso. Porém a ternura daquele pequenino e sua força e determinação para viver despertaram algo muito profundo em mim.

O segundo catalisador veio quando uma amiga ficou grávida. Foi perfeito, porque essa amiga, além de tudo, era minha fisioterapeuta, e assim estive próximo dela durante toda a gravidez. Ela me acompanhou na Black and White Tour em 2007, e por isso pude ver sua barriga crescendo; e o fato de eu estar tão perto dela naqueles nove meses ajudou-me a experimentar o milagre da vida. Por fim, chegou um momento em que ela não podia mais viajar e precisou ficar em casa, mas, quando sua filhinha preciosa nasceu, senti um clique dentro de mim. Como tantas outras vezes antes, chegara o meu momento. E foi assim que minha busca começou.

Encontrar aquele bebezinho no caos do *tsunami* e, depois, ver a alegria suprema da minha amiga ao dar à luz mexeram muito comigo. Os dois eventos despertaram uma paz profunda e uma sensação de alegria tão pura que, de alguma forma, eu queria inserir aqueles sentimentos em minha vida. Senti que era hora de ser pai. A única coisa que importava é que estava pronto para ser pai, e ninguém conseguia me demover desse sentimento: nem minha família, nem meus amigos, nem meus amantes. Era algo de que eu precisava, algo que queria muito fazer e assim pesquisei a melhor forma possível de alcançar isso.

Em retrospecto, percebo que o caminho que eu trilhara conduzia àquele momento e me propiciara todas as ferramentas de que precisava para tomar aquela decisão. Eu não apenas aprendera a me aceitar e me amar; tinha finalmente encontrado minha função na terra – trabalhar no combate ao tráfico de pessoas – e me sentia pronto para amar alguém incondicionalmente. Apesar de acreditar que ninguém nunca está totalmente pronto para ser pai – em grande parte porque só se compreende o que é ser pai quando se torna um –, naquele momento sentia que desenvolvera as ferramentas espirituais necessárias para dar esse passo muito importante.

O tempo que passei na Índia me ajudou muito. Lá aprendi a escutar o meu silêncio e, assim, consegui me conhecer, mas também aprendi muito sobre a vida. Precisava me distanciar da minha carreira para aprender as coisas simples da vida e ser capaz de partilhar meu tempo aqui com outras pessoas. Por ter passado tanto tempo correndo para lá e para cá tentando ser o número um, não tive tempo para crescer e amadurecer no meu próprio ritmo. Tinha de aprender a gritar, a caminhar e ver outras pessoas; tinha de tomar o controle da minha própria vida.

Na Índia, aprendi a focar-me na gratidão. Acho que a maioria de nós – inclusive eu – passa a vida dando destaque ao lado negativo. Muitas vezes acreditamos fazer isso para ser realista, ou simplesmente para identificar as coisas negativas que tentamos eliminar de nossas vidas. E embora não ache que nos enganamos ao dar atenção ao que nos machuca e incomoda – se o fizermos a fim de melhorar as coisas –, acredito que é importante dedicar tempo para atentar nas coisas boas, para que possamos repeti-las e aumentar sua frequência em nossas vidas.

Hoje, quando me sinto mal, ou quando o dia parece me sufocar, ou quando sinto uma nuvem perseguindo-me para onde quer que eu vá, faço uma lista das dez coisas a que sou mais grato. Só dez. De início, quando tentava fazer isso, não passava da terceira. Pensava: "Estou vivo. Tenho saúde. Tenho comida na mesa...", e parava por aí. Levou algum tempo para que eu conseguisse expandir essa lista.

Quando parei, de fato, para pensar, percebi que há muitas outras coisas extraordinárias para agradecer. Posso andar. Posso ver. Posso sentir. Tenho amigos. Tenho uma família que me ama. Tenho um lar. Tenho dois filhos bonitos. E, quando chego ao número 8 da lista, já estou sorrindo. E é assim que me foco no positivo, que significa adicionar em vez de diminuir.

Sempre soube que meu destino era ser pai. Mas não algo como, aos 25 anos de idade, dizer: "Quando tiver 35, vou ser pai". Não, apenas senti que meu momento tinha chegado, e resolvi encará-lo quando senti que estava pronto. Sei que muitas pessoas têm medo de ter filhos, porém posso dizer honestamente que isso nunca me assustou. Tinha o exemplo extraordinário do meu pai. Ao se casar pela segunda vez, sua esposa me disse: "Apaixonei-me por ele devido à forma como ele te trata. Vi a dinâmica entre vocês e pensei comigo mesma: 'É esse o tipo de pai que quero para os meus filhos'". E é verdade. Sempre tivemos um relacionamento incrível, de papo aberto e compreensão, e é esse tipo de relação que quero ter com os meus filhos.

Além disso, até o dia em que entrei no Menudo, acreditava ser o melhor irmão do mundo, porque ensinei meus irmãos mais jovens, os filhos de meu pai, a andar de bicicleta, a amarrar os sapatos e muitas outras coisas básicas da infância. Depois de entrar na banda, sofro ao pensar que eu os abandonei; e sempre tive a impressão de que o mais velho olhava para mim com uma expressão no rosto que dizia: "Onde você estava quando mais precisei?".

Mas, algum tempo depois, compreendi que precisava me libertar dessa atitude de melancolia e da culpa que sempre carreguei por ter saído, já que, por fim, entendi que a vida me carregara por um caminho que nos distanciara – e não havia como ser diferente. Não era culpa de ninguém. Era uma lição para nós dois, e nunca deixei de amar meu irmão, assim como os outros. A prova é que, hoje, somos todos muito próximos, vemo-nos sempre que podemos e nos amamos todos. É por causa desse relacionamento tão especial que tenho com eles e com meus pais que sempre senti vontade de ser pai.

Quanto mais pesava os prós e contras das várias alternativas que havia para ter filhos, a que parecia melhor era contratar uma barriga de aluguel. Agora, preciso esclarecer que era a melhor opção para *mim*. Não quero convencer os outros a fazer o mesmo, nem vou subir no alto do morro para gritar para todos que a coisa mais incrível que já aconteceu foi a invenção da barriga de aluguel. Sei muito bem que isso pode não ser a melhor opção para todo mundo, mas era para mim. Já sabia que minha vontade não era ter uma família com uma mulher, e como também não queria aguardar até encontrar o amor da minha vida para termos filhos, decidi que iria fazer isso.

Quando contei para minha mãe o que ia fazer, ela olhou para mim e disse: "Espere um pouco, Kiki. Sente-se um pouquinho para que possamos conversar. O que você está me dizendo parece uma espécie de filme do futuro".

"Não, Mami. Não é o futuro", respondi. "É o presente."

E expliquei para ela como tudo funcionava. Quando terminei, a única coisa que ela me disse foi: "Meu filho, é preciso ter a cabeça no lugar para tomar esse tipo de decisão. Parabéns".

Algumas pessoas podem não saber muito bem o que é barriga de aluguel e, por isso, acharem estranho ou até pensar que é algo negativo. Mas a verdade é que é uma alternativa excelente que existe hoje, graças a todos os avanços da ciência médica. E pensar que antes, quando um casal não era capaz de conceber um filho, eles tinham de desistir, sem muitas opções. Hoje, um casal que não pode ter filhos – ou tem dificuldade para fazê-lo – tem várias opções disponíveis.

O processo de barriga de aluguel leva tempo. Não apenas os nove meses de gravidez. Começa muito antes. Eu queria fazer por meio de uma agência especializada e, obviamente, precisava de um advogado com experiência no assunto para me orientar durante todo o processo. E foi o que fiz.

A barriga de aluguel está cada vez mais comum. Embora não existam estatísticas consolidadas, estima-se que, desde 1976, cerca de 28 mil crianças nasceram de barriga de aluguel, e a cada dia surgem mais famílias monoparentais que optam por ter filhos assim. Mais do que nunca, os homens estão cada vez mais conscientes da importância da paternidade e sentem a necessidade de ter filhos, tendo ou não um parceiro (seja ele homem ou mulher).

O primeiro passo no meu processo de barriga de aluguel, depois de encontrar a agência e um advogado com quem quisesse trabalhar, foi selecionar a doadora dos óvulos. Fiquei uma semana inteira examinando biografias de mulheres que ofereciam seus óvulos. Apesar de saber que queria encontrar alguém que reunisse qualidades que complementassem as minhas, ainda era difícil escolher a pessoa certa. Talvez, se eu tivesse encontrado alguém por quem me apaixonasse, não teria sido tão difícil; estaríamos apaixonados e teríamos bebês. Mas aquilo era bem diferente, e escolher uma pessoa com base em sua biografia não foi tão fácil quanto achei que seria.

Depois de escolher a doadora, o passo seguinte era encontrar a mulher que emprestaria seu ventre para carregar o bebê. Meus advogados aconselharam que o melhor seria fazer isso anonimamente. Disseram-me que mães que carregam bebês são bem acostumadas a isso, e que algumas até preferem fazer isso porque assim parece que estão grávidas de seus próprios filhos e podem seguir suas vidas normalmente. Na verdade, a maior parte dos casos de maternidade de substituição é tratada de modo confidencial e sem nenhum contato, como se fosse uma adoção fechada. Há adoções abertas em que todas as partes concordam em permanecer em contato e se conhecem, mas também as adoções fechadas, em que as mulheres que entregam seus bebês para adoção não querem ter nenhum contato com a criança ou com os pais que irão criá-las. E, muitas vezes, os pais adotivos também não querem ter nenhum tipo de ligação com a mãe biológica. Isso é algo recíproco. As mães que doam seus óvulos ou carregam os bebês entendem e aceitam o fato de que a mãe ou o pai que irá cuidar da criança prefere não ter nenhum laço com aquelas que os ajudaram a trazer um filho para o mundo.

Também existe barriga de aluguel aberta, em que a mãe substituta pode ter contato com a família e, eventualmente, com a criança. Tudo depende do que é melhor para cada caso. No meu caso, senti que era melhor uma barriga de aluguel fechada.

Estive em contato com a mãe de aluguel ao longo de toda a gravidez. Mas isso foi feito anonimamente. Também falava regularmente com os médicos dela. Apesar de não estar ao seu lado fisicamente, garanti que recebesse os melhores cuidados possíveis.

Se meus filhos, quando ficarem mais velhos, quiserem saber sobre a doadora de óvulos, poderei mostrar-lhes fotografias dela. Têm o direito de saber quem ela é, afinal faz parte da história genética deles. Mas ela pediu que não tivéssemos nenhum contato. Alega que não se interessa muito por isso, e que não tem muita vontade de ter filhos. Disse que fez isso pelo simples fato de poder ajudar outros a formar uma família, o que já é uma bênção.

Contudo, a mulher que carregou os meninos não tem nenhuma ligação genética com eles. Simplesmente emprestou o ventre. Sou muito grato pelo que ela fez, e, se eu o fizer de novo, adoraria que ela carregasse meus filhos novamente. Ela já tinha feito isso anteriormente e foi muito bem recomendada pela agência. Quando a entrevistei, perguntei-lhe por que fazia aquilo, e ela respondeu: "Sou uma mulher muito espiritual, e sinto-me muito próxima de Deus quando posso dar o dom da vida a alguém que não possa fazê-lo sozinho".

Adorei a resposta. Senti que nossas crenças estavam alinhadas, e suas palavras inspiravam muito respeito. Para mim, era uma honra ter uma mulher como ela cuidando de meus filhos por nove meses, e sou-lhe eternamente grato pelo ambiente calmo e saudável que propiciou a meus filhos.

Esse processo todo começou durante a Black and White Tour. Foi por volta de agosto de 2007 que digitei "barriga de aluguel" pela primeira vez numa ferramenta de busca e comecei a estudar tudo o que podia sobre o assunto. Pouco tempo depois, comecei o processo de seleção da doadora de óvulo e da mulher que emprestaria seu ventre, junto com todos os exames médicos e documentos legais necessários. A turnê encerrou em novembro, e aproximadamente um mês depois descobri que a mãe de aluguel estava grávida. Naquele ano, celebrei o Ano-Novo agradecendo pelo presente milagroso que me aguardava.

Em geral, nas barrigas de aluguel são implantados dois embriões, para aumentar a possibilidade de sucesso e evitar o risco de ter de passar por todo o processo várias vezes. Mas, apesar de saber que havia dois embriões, imaginei que teria apenas um filho. Logicamente, como se não bastasse ter me tornado pai, a vida tinha mais uma surpresa para mim, da qual fui informado com cerca de duas semanas de gravidez: contaram-me que eu teria gêmeos!

Um amigo próximo, que me conhece bem e que trabalhou comigo por mais de vinte anos, disse: "Cara, você não consegue fazer nada comum em sua vida? Sempre tem de fazer as coisas de modo escandaloso... Parece que, para você, é a única forma!".

Mal consigo descrever minha alegria quando descobri que seriam dois... Foi uma emoção incrível. Comecei a me preparar para ser o pai solteiro de duas crianças, e li tudo o que consegui. O único problema era que me faltava um nome, e isso me parecia uma questão séria, porque já tinha sido muito difícil encontrar o primeiro! Busquei em várias culturas: olhei na Índia, no Brasil, no Egito... Até olhei os nomes de uns índios Taino, os nativos da ilha de Porto Rico. Por fim, decidi que se chamaria Matteo, um nome judeu que significa "presente de Deus".

Mas agora precisava encontrar outro, e rápido, porque até aquele momento referíamo-nos ao bebê como "Bebê B" (como era indicado nos ultrassons). Ainda assim, não foi tão difícil quanto o primeiro. Fechei os olhos e visualizei uma criança corajosa e forte. E foi por que o chamei de Valentino, por ser um guerreiro: Valentino, o valente.

Em minha cabeça, o relógio nunca correu mais lentamente do que nos seis meses seguintes. Pareceram uma eternidade. Em geral, quando uma mulher está grávida de gêmeos, há sempre um risco maior de complicações, o que, logicamente, me preocupava, e por isso fiquei em contato próximo com a mulher que os carregava, certificando-me de que tudo corria bem.

Porém, em meio a tudo isso, o que eu sentia bem fundo na minha alma só pode ser descrito como puro êxtase. Felicidade absoluta. Imagino que quem tem filhos concorde plenamente: é como passar nove meses aguardando o presente mais incrível de todos. Queria subir para o telhado de casa e contar, aos berros, a grande novidade para o mundo. Mas eu precisava ser muito cauteloso, porque não queria que nada afetasse a mulher que carregava meus filhos. Queria que ela ficasse calma e mantivesse sua paz interior, para que a gravidez seguisse sem complicações. Se de alguma forma a mídia ficasse sabendo, é possível que descobrissem quem ela era e, então, a bombardeassem com perguntas, intrometendo-se em sua vida cotidiana.

Além de não querer que a incomodassem, tentando evitar que isso abalasse a ela ou meus filhos, sentia-me terrivelmente responsável por impor tanta pressão e por invadir a privacidade de outra pessoa. Eu optara por ter uma vida pública e, por isso, aceito as consequências; mas nunca iria querer impor o mesmo a outra pessoa.

Assim, para garantir que o segredo seria escondido do resto do mundo, além de meus pais, contei apenas a três pessoas. Não que não confiasse nos meus outros amigos, mas tinha medo de que, equivocadamente, escapasse da boca de alguém, por pura emoção, o que teria sido um desastre. Alguns amigos – e é aí que se descobre quem são seus verdadeiros amigos – até me pediram para não conversar com eles sobre isso, porque, se a novidade chegasse de alguma forma à imprensa, não queriam estar na lista de possíveis responsáveis pelo vazamento... Ficaram comigo o tempo todo, certificando-me de que eu estava bem, mas não queriam saber mais do que o necessário. E sempre serei grato pela lealdade e afeto.

Como um bom pai de primeira viagem, enquanto aguardava o nascimento dos meninos, li de tudo: livros de desenvolvimento infantil, livros sobre gêmeos, livros sobre as primeiras semanas de vida. Na verdade, existem muito poucas obras disponíveis para pais solteiros (e os disponíveis versam sobretudo sobre o que fazer após um divórcio), e eu queria estar muito bem informado sobre o assunto na hora em que nascessem. Assim, passava o tempo todo lendo, aprendendo, me preparando. Minha mente era como uma esponja; queria saber tudo e mais um pouco sobre como ser o melhor pai possível. Ao mesmo tempo, estava plenamente consciente de que a maior parte do significado de ser pai não pode ser aprendida em livro nenhum, nem transmitida de uma pessoa para outra. É um instinto que só se manifesta ao se ter o bebê em seus braços, e então aprender a interpretar seus diversos choros, risos, sorrisos e movimentos. Um instinto que nunca se sabe ter até chegar a hora certa.

Eu estava no hospital quando eles vieram ao mundo. Meus filhos nasceram de cesariana; e, assim que nasceram, foram trazidos para o meu quarto, onde uma incubadora aquecida os aguardava. Uma enfermeira verificou os sinais vitais: o batimento cardíaco, a temperatura, a cor, o tamanho, tudo. Sacudiu os pobres menininhos, e eles tremiam com o choro. Ainda que animado a ponto de poder explodir a qualquer momento, não chorei. Nem um pouquinho. Estava tão eufórico que queria gritar: "Me dê os meninos!". Queria dizer para a enfermeira assim que ela entrou na sala: "Quero segurá-los já!".

As semanas seguintes quase se apagaram de minha memória. Como quase todos os novos pais, fiquei obcecado pelos meus filhos. Não queria perder um instante de suas existências. Eram os bebês mais lindos que já vira, e não me cansava de olhar para eles. Enquanto estavam acordados, não os tirava do colo. E eu não dormia. Na configuração "típica" de uma família com um recém-nascido, em geral são dois pais e um bebê; responsabilidade compartilhada; e um tempinho para descansar. No meu caso, eram dois bebês e um pai; e não havia as outras características. Mas não me importava. Não me entendam mal. Durante esses dias, não fiquei sozinho um segundo sequer; estava sempre rodeado pelas pessoas que mais amo, e todos foram muito solícitos. Mas algumas coisas eu queria fazer do meu jeito. (Sabe, pequenas coisas como alimentá-los, dar banho, vestir fraldas e colocar os bebês para dormir.) E como levo minha vida ao extremo, queria fazer tudo isso para os dois sempre ao mesmo tempo.

Uma de minhas amigas mais próximas é médica, e ela não cansava de me lembrar que eu precisava ter uma programação; caso contrário, complica para todo mundo. Mas a única coisa que me esqueci de fazer foi seguir o horário deles! Como qualquer novo pai sabe, há uma regra básica: quando o bebê dorme, o pai dorme. Ponto. Seja por dez minutos ou uma hora, pode ser o único sono que se terá naquele dia. Mas eu me recusava; estava tão apaixonado por eles que, quando dormiam, a única coisa que sentia vontade de fazer era ficar vendo-os dormir! Chegou a um ponto em que minha mãe (que ficou comigo desde o dia em que nasceram) me disse: "Filho, você está um zumbi. Você está conversando comigo e adormecendo no meio da fala. Por favor, por favor, deite a cabeça no travesseiro e descanse um pouco. Você é um pai incrível, mas, por favor, deixe-nos ajudá-lo." Comecei a dormir segundos depois de escutar o que ela falou. Precisava ouvir aquilo para fechar os olhos e descansar um pouco. Não queria perder um único instante da vida dos meus filhos. E sou assim até hoje. Mas aprendi uma lição importante naquelas primeiras semanas: preciso cuidar de mim, para que tenha a capacidade de cuidar deles.

Nunca vou me esquecer do instante em que cada um deles me olhou nos olhos pela primeira vez. Foram os momentos mais preciosos de toda a minha vida. Momentos que eu não tinha percebido que esperava havia tanto. Eram momentos *nossos*.

Só algumas semanas depois as lágrimas finalmente chegaram. Tinha me sentado para assistir a televisão, enquanto os meninos dormiam, e vi um programa que mencionava o nascimento dos meus filhos – a notícia tinha vazado para a imprensa. A apresentadora de repente olhou para a câmera e falou: "Estamos muito felizes por você, Ricky. Você merece tudo de bom. Parabéns!". Então percebi tudo o que tinha acontecido. Acho que senti o clique, e entendi que aqueles dois pequeninos que dormiam em seus berços eram de fato meus filhos! E eu era o pai deles! Uma coisa linda. Mas um sentimento muito intenso percorria todo o meu ser, uma alegria tão profunda que eu não conseguia parar de chorar. Meu pai apareceu e me abraçou por um longo tempo – fiquei totalmente desarmado.

TODOS OS TIPOS DE FAMÍLIAS

HÁ QUEM DIGA que isso não é justo, que, para manter o equilíbrio, as crianças precisam de um pai e uma mãe. E digo que elas se enganam. Quantos milhões de crianças crescem sem uma mãe? Ou, pior, quantas crescem com uma mãe que não as ama? Quantos milhões de crianças crescem sem um pai? Ou, pior, sabendo que o pai existe, mas não se envolve em suas vidas porque não as ama? De acordo com o censo dos Estados Unidos, o número de famílias de pais solteiros que moram com seus filhos aumentou 25% durante a década de 1990. Quando meus filhos me perguntarem, vou responder: "Eu queria tanto ter vocês que, com a ajuda de Deus, tudo se alinhou para que vocês entrassem em minha vida".

Também tenho que dizer que há muitas pessoas bem-sucedidas que foram criadas sem pai ou mãe. Por exemplo, o vice-presidente dos Estados Unidos, Joe Biden, foi um pai solteiro que criou seus filhos depois que sua esposa e sua filha foram mortas em um acidente de carro. O presidente dos Estados Unidos, Barack Obama, foi criado sem um pai. Há também o nadador olímpico Michael Phelps, o presidente Bill Clinton, Bill Cosby, Tom Cruise, Christina Aguilera, Julia Roberts, Demi Moore, Alicia Keys, Angelina Jolie... só para citar alguns. Assim, nos dias de hoje, famílias monoparentais podem ser mais comuns do que a sociedade gostaria de acreditar. Conheço também muita gente que cresceu em uma casa com uma mãe e um pai e, infelizmente, acabou ficando perdida, infeliz e cheia de problemas.

Além disso, se vocês acham que, por ter um pai solteiro, meus meninos não estão rodeados por mulheres maravilhosas, não se preocupem – eles estão. Minha mãe, por exemplo, desempenha um papel fundamental em suas vidas, e me educa como pai. Ela é a mão firme que me guia, sempre me ensinando sobre o trabalho duro e infinito que é ser um pai. Mas, acima de tudo, ela dá a eles todo o amor do mundo. E muitas das minhas melhores amigas são mulheres incríveis que amam meus filhos como se fossem tias. E, no final das contas, isso é o que mais importa: não muda em nada se meus filhos recebem o amor de um pai, uma mãe, uma avó, uma tia, um tio ou um amigo. O importante é que eles recebem e continuarão a recebê-lo para o resto de suas vidas.

Meus filhos estão crescendo cercados por pessoas que os adoram e que querem o melhor para eles. Considero isso um privilégio. Desejo que cresçam com a mente aberta e rodeados por outras crianças semelhantes. Eles não terão nenhum problema por serem criados por um pai que é pai e mãe ao mesmo tempo. Pelo contrário: terão orgulho de sua família, porque, graças a ela, verão o mundo sem preconceitos e sem julgar os outros. É algo que tenho notado em outras crianças de pais solteiros que fizeram o mesmo que eu. São crianças que estão em um nível muito especial.

No dia em que Matteo e Valentino me perguntarem por que não têm uma mãe, vou explicar-lhes que cada família é única. Há famílias que têm um pai, uma mãe e um filho. Há famílias que têm um pai, uma mãe e dois filhos. Há famílias que têm um pai, uma mãe e cinco filhos. Há famílias que só têm uma mãe com quatro ou cinco filhos. Há famílias que têm duas mães e dois filhos. Há outras famílias que consistem de duas pessoas que se amam, mas que não têm filhos. Neste momento, meus filhos têm um pai que faz o trabalho de ambos, pai e mãe, com dois bebês, e é isso que torna única a nossa família. E ser único é fabuloso.

Estou pronto para a pergunta porque sei que, quando eles estiverem prontos, vão me questionar. No momento em que uma criança é capaz de fazer uma pergunta, ela está pronta para receber informações e entender a verdade da resposta. Se a resposta tiver muita informação, eles simplesmente vão ignorá-la e sairão para brincar por mais uns meses, até ficarem prontos para perguntar novamente. Independentemente de quantas vezes me perguntarem e quantas vezes eu tiver de responder, vou continuar a explicar-lhes até que entendam direitinho.

Sei que quero ter mais filhos um dia, porque tem sido incrível tê-los ao meu lado quase o tempo todo. Nos dois anos desde que nasceram, o máximo de tempo que passei longe deles foi duas noites, e isso ocorreu apenas uma vez. Como a maioria dos pais, não quero ficar longe deles, nem por um segundo, pois cada dia traz algo único e novo. Sou grato por conseguir organizar minha vida de forma que atenda às necessidades deles, e tenho o privilégio de estar presente em todos os grandes passos de suas vidas. Valorizo muito o tempo que tenho com eles, e amo ver tudo o que fazem e ouvir todas as coisas que começaram a pronunciar. Apesar de serem gêmeos, cada um tem sua personalidade própria e uma maneira única de fazer as coisas. São indivíduos, mas, ainda assim, se complementam perfeitamente.

Eles me ensinaram muito. Com eles aprendi o que significa amor incondicional, e em minha experiência em relação ao amor posso dizer não há nada igual. Não importa o que esteja fazendo por eles – alimentando-os, trocando suas fraldas ou dando banho –, sempre recebo de volta um sorriso. É só isso que eles têm para oferecer, e me oferecem o tempo todo! Quando lampejam aquele sorriso para mim, penso: "O mundo pode desmoronar amanhã, mas não me importa. Essa é a maior alegria que se pode imaginar".

A maioria das pessoas dá porque quer receber. É como uma negociação – se você me ama, eu vou te amar, e se você me der um abraço, eu vou te abraçar de volta. Nas relações de casais, entre colegas e com amigos, muitas vezes é assim, não é? Se você me ama muito, eu vou te amar muito em retorno. Mas esse amor não é assim. Esse é o amor verdadeiro.

Com esse amor, não busco mais nada na vida. E esse tipo de amor começa quando se começa a amar a si mesmo. É quando aprendemos a aceitar e amar a nós como somos que podemos começar a dar amor sem esperar nada em troca. E aí vamos descobrir que recebemos muito mais amor do que poderíamos imaginar. Porque, quando outras pessoas veem que estamos cheios de amor e que o oferecemos sem esperar nada em troca, elas não têm medo de se abrir por completo.

Preocupa-me o fato de meus filhos terem de aprender a crescer diante dos olhos do público, e que há pessoas que tentarão invadir suas vidas pessoais pelo simples fato de eles serem meus filhos. Isto me deixa nervoso, não apenas porque já começou, mas também porque quis evitar que ocorresse. Mas infelizmente, ou felizmente, essa é a vida que receberam e esse é o caminho que terão de trilhar. E terão de lidar com isso, cada um de seu jeito.

O que é certo é que não vou permitir que meus filhos cresçam em uma jaula. A vida deve ser vivida plenamente, e, por isso, quero que meus filhos sejam saudáveis, que adquiram seus próprios traços de caráter e personalidades enquanto crescem por meio de suas experiências de vida individuais. Não quero que tenham medo de nada; quero que sejam transparentes e livres e, mais que tudo, quero que viajem e conheçam o mundo.

Quando eu era jovem, costumava ir sozinho para a Europa comemorar meu aniversário ou o Ano-Novo. Minha mãe me dizia: “Você está louco? O que há de errado com você? Primeiro, por que você tem de ir sozinho? E por que você tem de ir tão longe?”.

E eu respondia: “Mami, deixe-me em paz. Estou bem aqui”.

Uma noite, tive vontade de passar a noite sentado sob a Torre Eiffel e foi o que fiz. Deitei-me em um parque em frente à torre, e à meia-noite falei só para mim: “Feliz Ano-Novo!”. Uma vez, fiz o mesmo no meu aniversário. Era incrível a sensação de fazer exatamente o que sentia vontade de fazer, e por fazer isso por mim, não por outra pessoa.

Quero que meus filhos tenham todo tipo de experiência. Quero que sejam independentes e vivam a vida com a qual sempre sonharam. Espero que sigam seus próprios caminhos, nas condições que escolherem, e os apoiarei a cada passo do caminho.

Sou de Porto Rico, e meus filhos também. Quero que tenham consciência de suas raízes, mas, mais do que tudo, quero que se vejam como cidadãos do mundo, porque é isso que lhes dará uma visão global para serem homens no século XXI.

Sempre me esforçarei ao máximo para dar a meus filhos tudo que eles precisam. Mas as coisas importantes na vida não são materiais; são experiências. Quero que eles tenham todos os tipos de lembranças, porque é isso que vai lhes permitir ter uma vida plena.

Como, por experiência própria, sei quão importante é manter essa ligação com nossa criança interior, farei tudo o que puder para garantir que resguardem a inocência da juventude por muitos anos. E, durante toda a vida deles, farei o possível para proteger sua integridade enquanto seres humanos. Tenho certeza de que nada que desejo para os meus filhos é diferente do que outros pais desejam para os seus.

Direi para os meus filhos: "Quero que sejam felizes e saibam sempre que meu amor é incondicional. E isso significa sem exceções. Estou aqui para vocês. Não importa o que aconteça".

Quero que sintam que podem falar comigo sobre qualquer coisa, que vou sempre ouvi-los e dizer a verdade. Eles não podem ter medo de me contar algo. Precisam saber que qualquer conselho que eu lhes dê sempre será baseado, em primeiro lugar, em minha própria experiência e, segundo, em meu amor por eles. Amor puro. Vou dizer-lhes: "Estou aqui com vocês. Posso contar quais serão as consequências de determinadas ações ou decisões, e posso dizer o que acho que acontecerá se fizerem isto ou aquilo, com base no que vi e vivi. Posso mostrar a vocês estatísticas que indicam os vários efeitos de diferentes escolhas. Mas não posso decidir por vocês".

Acima de tudo, terão de fazer o que tiverem vontade, tornar-se quem eles quiserem ser. A verdade é que não importa quanto eu os ame. Sempre serão quem são, e eu sempre serei eu. E não posso mudar quem eles são ou como se comportam; posso simplesmente guiá-los na direção do que sinto ser o mais correto. Tantos livros foram escritos sobre como ser um bom pai, mas cada criança é única. Cada pequena mente é o seu próprio universo, e toda criança é dona de suas ações.

Não importa quanto se ama uma pessoa; a realidade da vida é que não podemos tomar decisões por ela. Mesmo que façam exatamente o que eu lhes disser para fazer, e mesmo que acreditem que estejam fazendo aquilo só porque eu lhes disse para fazer, são eles que escolheram seguir aquele caminho e não ir por conta própria. E se eles fizerem apenas o que eu lhes disser para fazer, nunca serão capazes de analisar uma situação, avaliar a informação que lhes é dada, pesar as opções e encarar as alternativas (e acabarão ficando ressentidos comigo). Terão de aprender a agir sozinhos, porque não estarei sempre lá para lhes dar minha opinião ou conselho.

Na verdade, pode ser que meu conceito de felicidade seja para eles uma definição de dor. E quem sou eu para dizer a outros o que os deixará felizes? Eles precisam descobrir por si mesmos.

Para mim, é por aí que o mundo começa a melhorar – ao permitir que as pessoas sejam elas mesmas, sem julgá-las. Deixe-me ser quem sou; deixe-me viver, existir e me comportar como preciso de acordo com a minha realidade. Vou fazer o mesmo por você. Não vou entrar em seu caminho. Neste espaço só meu, sonho com minha felicidade. E se você não gostar, siga seu próprio caminho, porque não quero que você faça parte do meu.

Por fim, quero que meus filhos se aceitem, amem a si e aceitem todas as pessoas, mesmo que alguém não os aceite. Farei o possível para que meus filhos encontrem a felicidade, permitindo que saibam que, dentro de cada um de nós, existe a capacidade de se sentir satisfeito, se estivermos abertos e sintonizados com as lições que surgem ao longo do caminho e dispostos a descobrir o tesouro que habita dentro de nosso ser.

Eles são, obviamente, muitos jovens para entender, mas Matteo e Valentino desempenharam um papel essencial para que eu me tornasse a pessoa forte e livre que sou hoje. É graças a eles que surgiu o desejo de escrever este livro, e é também graças a eles que encontrei a força para optar por viver a vida de forma transparente e sem segredos. Enquanto crescem, quero que meus filhos sintam-se livres, e não haverá nada – nem mesmo na vida de seu pai – que os afetará. Eles precisam sentir orgulho de quem são e de onde vêm, e não quero que algum dia sintam a necessidade de guardar um segredo de mim ou de outra pessoa. Eles são meu maior tesouro, aqueles que, a cada dia que passa, me inspiram a ser uma pessoa melhor, um pai melhor e um ser humano melhor.

OITO

MEU MOMENTO

Quando olho para trás, é fácil ver como uma coisa levou a outra, e como cada momento da minha vida teve um motivo para acontecer. Mas, em meio a tudo aquilo, olhando para a frente e tentando decifrar o passo seguinte, nem sempre foi tão fácil enxergar isso. Ainda assim, hoje sinto que não há por que me preocupar tanto com a decisão a ser tomada ou o caminho a seguir, porque a vida, no final, encontra um modo de me guiar para o que preciso quando mais preciso. Nem antes, nem depois.

Há hora para tudo. Apesar de eu virar artista cedo, com apenas doze anos de idade, foi só a partir dos trinta que comecei a me sentir confortável com minha sexualidade. Todo mundo tem seu próprio caminho, sua própria história, por meio da qual segue em ritmo próprio.

Desde que anunciei minha orientação sexual para o mundo alguns meses atrás, muitas pessoas me perguntam: "Ricky, por que demorou tanto?". A resposta é muito simples: ainda não era o meu momento. Tive de passar por tudo o que passei e viver tudo o que vivi para chegar ao momento exato, em que me sentia forte, pronto e totalmente em paz para fazer o anúncio. Eu precisava me amar. E, apesar de o processo que tive de percorrer para chegar a este ponto não ser curto nem simples, eu tinha de atravessar – e tropeçar ao longo do trajeto – meu caminho espiritual, a fim de me encontrar.

Ora, mas será que não teria sido melhor se esse momento tivesse ocorrido antes? Claro, principalmente se tivesse me poupado de toda a dor e angústia que enfrentei. Mas, honestamente, não acho que poderia ter sido diferente. Eu tinha de passar por toda aquela dor para entender realmente o que havia dentro de mim. Precisava me apaixonar por homens e por mulheres, e curtir cada relação, para no final enfrentar a realidade do que eu sentia. Se eu tivesse ido a público quando me apaixonei, tantos anos atrás, até poderia, no momento, ter uma sensação de libertação, mas estou certo de que também teria sofrido todos os tipos de dores e angústias, simplesmente porque eu não estava pronto. Mas a verdade é que nunca vou saber.

POR QUE FOI TÃO DIFÍCIL

No fundo, acho que eu sempre soube que era gay, mas passei muitos anos tentando esconder, até de mim mesmo. Desde que me entendo por gente, sinto uma forte atração por homens e, apesar de também sentir uma forte atração – e química – por mulheres, são os homens que despertam meu ser mais instintivo, mais animal. É com um homem que consigo me sentir realmente vivo, que encontro o amor e a paixão que busco em um relacionamento. Mas passei muito tempo resistindo a esse sentimento.

Todos conhecemos gays que, por algum motivo, precisam esconder esse fato em suas próprias casas, porque sua mãe ou pai simplesmente não conseguem aceitar. E, embora eu tivesse o apoio irrestrito de minha família e amigos, há alguns anos era totalmente inconcebível para mim a ideia de vir a público anunciar o fato. Há tantos preconceitos sociais contra os homossexuais que eu temia que as pessoas nunca me entenderiam e, por isso, me rejeitariam, já que esses eram os códigos sociais que controlaram minha vida desde garotinho. Assim, desde minha adolescência, quando comecei a sentir uma atração por homens, enfrentei o grande conflito entre meus pensamentos e meus sentimentos.

Quando crianças, somos ensinados, ficamos condicionados, a sentir atração sexual por pessoas do sexo oposto. Quando se é um garotinho e seus pais o levam ao parque, e lá você começa a brincar com as outras crianças, seus pais e outros adultos dizem: "Olha que bonita é aquela garota. Uma gracinha. Gosta daquela menina?". Depois, começa-se a frequentar a escola e, ao chegar em casa à tarde, a primeira coisa que todos lhe perguntam é: "Você já tem namorada?". Cultural e socialmente, somos levados a sentir atração sexual pelo sexo oposto, e isso provoca uma confusão enorme quando se sente algo diferente. No meu caso, fui criado ouvindo sempre que sentir atração por pessoas do mesmo sexo era algo ruim (pois é isso que afirmam muitas religiões), e comecei a travar uma grande batalha interna desde pequeno, entre o que eu realmente sentia e o que se esperava de mim.

É por isso que bloqueei esse pensamento. É por isso que empreguei todas as minhas forças para lutar contra essas emoções, tão minhas, rejeitando-as. Sempre que encontrava um menino e sentia algo forte, algo que abalava a terra debaixo dos meus pés, eu imediatamente tentava apagar o pensamento da minha mente, dizendo-me: "Não, isso não é comigo. Foi apenas uma pequena aventura". Por um lado, acho que não compreendia muito bem o que estava acontecendo comigo; por outro, acho que não estava propenso a aceitar que eu não me enquadrava na imagem que todos tinham de mim. Depois de ter relacionamentos com homens, eu lutava para enterrar meus sentimentos, mas, com o tempo, isso começou a ficar doloroso demais, já que a contradição era muito grande.

Mas, ainda que essa contradição estivesse essencialmente em minha cabeça – sendo um conflito que eu de vez em quando tinha de enfrentar –, também é importante entender que o resto do mundo nem sempre é tolerante, da maneira que esperamos que seja. Há muitas pessoas que simplesmente não entendem que pode haver pessoas diferentes delas, e, embora queiramos ignorá-las, devemos também entender que são parte da sociedade, e uma parte significativa. Nem todos conseguem se sentir em paz com sua sexualidade, devido a pressões externas que, por vezes, são fortes demais. E isso, na minha opinião, é algo trágico.

Acho que uma das razões pelas quais achei tão difícil me aceitar foi porque, na minha profissão, muitas vezes fui considerado um ídolo latino, uma estrela pop e, para alguns, um *sex symbol*. Não sei se tem a ver com o fato de eu ser latino, ou se tem a ver com a imagem do "amante latino", mas sempre tive a sensação de que se esperavam certas coisas de mim, entre as quais que eu tinha o dever de seduzir – e me permitir ser seduzido por – mulheres. Olho para Elton John, que é indiscutivelmente um ícone, e acho impressionante a forma como ele aceitou sua sexualidade. Mas eu não sou ele, e, culturalmente, senti que as implicações de aceitar minha sexualidade diante do resto do mundo seriam muito mais complicadas. Talvez se outro artista, outro ídolo latino, tivesse feito o mesmo antes de mim, eu teria tido menos receio. Mas a verdade é que não havia um modelo, o que, em minha opinião, ajudou a tornar isso totalmente inconcebível. Não sei se meus receios eram religiosos, culturais ou morais... provavelmente uma combinação dos três. Só sei que, por muito tempo, e sem me dar conta do estrago que estava causando em mim, carreguei uma bagagem emocional enorme, que me impedia de ser livre. De ser eu.

Olhando em retrospecto, percebo que, ao longo de todos esses anos, vivi muitos momentos difíceis. Estava irritado, cheio de dor e autorrejeição. Embora em muitas outras esferas – minha carreira, minha família e meus amigos – minha vida fosse abençoada com inúmeras coisas incríveis, houve noites em que eu ia para a cama sentindo o peso do mundo interior, tentando conciliar as emoções conflitantes que sentia. Eram momentos muito dolorosos. É horrível sentir que você não ama a si mesmo, e sinceramente não desejo isso para ninguém.

Mas, como tudo na vida, a dor também traz crescimento. Em minha jornada espiritual e minhas viagens pela Índia, e com tudo o que aprendi na minha luta contra o tráfico de pessoas, lentamente, mas com confiança, comecei a me aceitar. Tive de aprender a olhar no fundo de minha alma para ouvir o silêncio e encontrar a minha verdade – minha verdade pura, livre de quaisquer pressões externas, expectativas, desejos e rejeições. Tive de aprender a me enxergar e me amar exatamente como sou. Agora, não apenas posso dizer a verdade, mas posso também conversar sobre minha dor e raiva, que vejo como uma injustiça – e não só a injustiça do tráfico de pessoas, mas também a injustiça sentida por quem é julgado por outros. Tive de entender que no mundo há pessoas que vão te amar por quem você é, e aqueles que querem que você seja exatamente como eles; e essa constatação simples me atingiu em cheio. Se eu não me amo e escondo e nego o meu próprio ser, como posso esperar que outras pessoas me amem por quem eu sou de verdade? Levei muito tempo para entender isso.

PASSOS DE BEBÊ

FOI CERCA DE cinco anos atrás que entendi e senti, no fundo de minha alma, que eu estava, enfim, pronto para aceitar minha verdade. Tivera muito tempo para pensar, para me apaixonar e me desencantar e sobreviver a tudo que eu precisava enfrentar. Até então, embora conhecesse a minha verdade, não precisava e não sentia a necessidade de contá-la para o resto do mundo. Por um lado, achava que ninguém tinha nada a ver com isso, só eu; por outro, simplesmente não via no que isso mudaria alguma coisa. Apesar da fama, e embora parecesse que eu tinha uma vida muito pública, a verdade é que levo uma vida pessoal muito particular, rodeado pela família e por amigos íntimos, que considero da família também, a maioria dos quais me conhece há décadas. E como todos que convivem comigo já sabiam e aceitavam a minha verdade, não via a necessidade de contar para mais ninguém. Além disso, o fato de tudo ter de ser feito em segredo apimentava um pouco as coisas, criando uma sensação de suspense nos relacionamentos, o que, confesso, eu meio que gostava.

Apesar de me sentir confortável com as pessoas mais próximas, acho que não queria contar para ninguém mais porque tinha medo de não ser aceito. Pensava: "Meus amigos e minha família me aceitam porque eles me amam, mas e o resto do mundo? Será que vão me julgar? Será que continuarão a comprar os meus álbuns? Será que vão me rejeitar?".

Um artista sempre busca a aceitação e a veneração do público, e, por isso, eu tinha receio de que tal revelação pudesse afetar a minha carreira. O que aconteceria se eu parasse de vender discos? E se as pessoas parassem de ir aos meus shows? Seria preciso parar de fazer o que mais amo? Hoje, percebo quão ridículas, na verdade, eram essas questões, mas no momento considerava-as perfeitamente válidas e importantes. O mundo certamente evoluiu, e a sexualidade de um artista não muda mais a forma como ele é visto. Mas, por estar sofrendo, via apenas as coisas que me assustavam. E, como tinha medo de me abrir e contar a minha verdade para o mundo, enchi-me de motivos – irracionais, é lógico – para não fazê-lo.

Muitos dos mais próximos – minha família, amigos e colegas – também tinham medo. Mesmo sabendo que todos querem o melhor para mim, estavam preocupados sobre como isso poderia me desestabilizar, não só do ponto de vista profissional mas também do pessoal. Muitos me desencorajavam, dizendo que não havia necessidade e que a minha sexualidade era assunto meu e de mais ninguém. E apesar de estarem certos até certo ponto, naquele sentimento havia também uma pequena dose de preconceito que hoje vejo como extremamente prejudicial. Apesar de todos os conselhos e do amor demonstrado, pela primeira vez tinha de pensar sobre mim mesmo e ouvir o que o silêncio tentava me dizer.

Foi exatamente o que fiz. E consegui ver meu verdadeiro ser.

Assim, a partir daquele momento aceitei minha realidade e comecei a tentar encontrar uma forma de comunicá-la para o mundo. Ainda não sabia como iria fazê-lo, talvez em um show, por meio de uma carta, um livro ou uma música. Na época, havia uma frase que eu repetia para mim mesmo como se fosse um mantra: "Deus, universo, ou seja lá como queira que eu o chame, mostre-me a melhor forma de fazê-lo". Dizia isso para mim todos os dias, e mantinha os olhos bem abertos. Minha intenção era tentar visualizar o momento certo, e todo o processo dessa grande busca aos poucos me trouxe para mais perto de minha realidade.

Comecei a realizar algumas mudanças. Durante meus shows, na turnê Black and White, passei a introduzir algumas palavras e frases que diziam respeito à minha experiência. Fizemos um vídeo em que minha pele "falava" por meio de minhas tatuagens, e apareciam algumas expressões: "aceite-se", "mude a sua vida", "ame", "descubra-se", "pergunte a si mesmo", "perdoe-se". Eram frases dirigidas ao meu público, já que queria inspirar essas coisas não apenas nos outros, mas também em mim. Estava em meio a um processo de renascimento, e tudo o que fazia vinha imbuído do desejo de eliminar meus segredos e ansiedades, para que eu pudesse me reconectar com a pessoa que eu realmente sou.

Quando Matteo e Valentino nasceram, percebi quão importante era para mim encontrar a verdade e a transparência em minha vida. Embora estivesse cada vez mais em paz, por saber que estava buscando um caminho e aguardando o momento certo, o nascimento de meus filhos certamente acelerou o processo. Quando os peguei pela primeira vez em meus braços, não apenas compreendi que a vida pode ser bela e simples, mas também senti a necessidade de ser totalmente transparente com eles. Percebi que o que mais quero no mundo é que eles possam levar suas vidas com total liberdade e, sem se importar com nada, sempre tenham orgulhoso de quem são. E para conseguir ensinar isso a eles, a aula teria de começar em casa.

Não vou viver numa mentira com meus filhos, tampouco eles. Não quero que meus filhos precisem mentir para mim, ou que vivam com os olhos tapados. Quero ser honesto com eles, de modo que possam, por sua vez, ser honestos com o mundo. Matteo e Valentino são meus anjos, meus anjinhos, meus filhos, e por eles sei que sou capaz de fazer qualquer coisa. Hoje, sei que tenho de viver em equilíbrio perfeito, e preciso estar realmente satisfeito com quem eu sou para que eles possam me admirar e compreender que o *papi* deles os ama muito. Se eu não fizer isso, estarei ensinando-os a mentir e se esconder do mundo, ao invés de enfrentá-lo com toda a força e o orgulho de ser alguém.

Meus filhos vão crescer e, finalmente, irão à escola, e desde já posso ficar em paz sabendo que nunca precisarão mentir para mim. Quando seus colegas lhes perguntarem sobre seu pai, eles serão capazes de contar, sem censura e sem medo. Quero que sintam orgulho de seu pai, como sempre sentirei orgulho deles, não importando o que decidirem fazer com suas vidas.

Esse é o mundo que estou criando para os meus filhos – e sei que somos muitos tentando moldar uma nova geração que saberá a real importância da aceitação e da tolerância, que saberá o significado da palavra "preconceito". É um mundo em que não importa se você é bissexual, homossexual ou heterossexual, e em que todos são exatamente o que são.

LUTANDO CONTRA O PRECONCEITO

AINDA HÁ MUITO a ser feito. O mundo mudou, mas acredito que ainda não o suficiente. É possível que hoje haja menos preconceito do que cem anos atrás, ou mesmo do que quando eu era criança, mas isso não significa que o preconceito não continue a existir e que não haja mais trabalho a ser feito. Há uma longa e triste história de perseguição aos homossexuais, e é terrível pensar em todas as vidas que foram estragadas, magoadas e destruídas pelo preconceito dos outros. Lembro-me dos grandes gênios da literatura, como Federico García Lorca e Oscar Wilde, que, apesar de todo o seu brilhantismo e os legados surpreendentes que deixaram para o mundo por meio de seu trabalho, foram perseguidos por serem homossexuais. Isso não faz sentido.

Infelizmente, o preconceito existe até hoje. A mídia muitas vezes caracteriza os homossexuais como pessoas unidimensionais, sem nenhuma profundidade, como se um ser humano pudesse ser reduzido à sua sexualidade. A própria linguagem utilizada no mundo todo para designar os homossexuais é terrivelmente degradante: palavras como "bicha", "viado", "sapatão", "frutinha" e outras servem apenas para perpetuar o ódio e a discriminação entre as gerações mais jovens. Devido à carga emocional que transportam, tais expressões criam, sem nenhum alarde, uma atmosfera de intolerância e homofobia, em que os jovens têm medo de ser quem realmente são. Não vou mentir; em algum momento insensível de minha vida, também usei essas palavras para tirar sarro de pessoas como eu. Mas, logicamente, fiz isso para "provar" para as pessoas ao meu redor que eu era de fato "heterossexual". Acho que só se pode odiar aquilo que está bem entranhado em seu ser. Caso contrário, por que perdemos tanto tempo com um sentimento tão doloroso e destrutivo como o ódio?

Muitas pessoas continuam a dizer que são totalmente contrárias ao homossexualismo; rejeitam-no e o repudiam, dizendo que vai contra a natureza humana. Mas não há nada mais normal do que o amor. O que é anormal – e infinitamente cruel e injusto – é discriminar alguém por causa de quem ele é. O que é anormal é pensar que existem cidadãos de primeira e de segunda classe, e que nem todos têm os mesmos direitos.

É isso que é errado. E é inaceitável.

Generalizações geram discriminação; e enquanto ainda houver gente no mundo disposta a rotular as pessoas de acordo com sua nacionalidade, raça, sexo, sexualidade ou a cor de seus cabelos, haverá discriminação. É por esse motivo que temos de parar com isso. Da mesma forma que nunca permito que alguém fale algo negativo a respeito dos hispânicos, nunca permitirei que alguém diga algo negativo sobre a comunidade gay na minha presença. Exigirei sempre que todos sejam tratados como pessoas, independentemente de como a sociedade possa querer "rotulá-las".

Gostaria de poder dizer que sou homossexual por este ou aquele motivo. Mas não posso. Pelo que sei, ninguém sai por aí explicando por que gosta do sexo oposto, por que gosta de loiras ou por que gosta de carecas. Uma pessoa sente o que sente, e tentar explicar os motivos não apenas é inútil, mas errado. Atração não tem uma razão lógica. Ela simplesmente acontece, e, como seres humanos, o máximo que podemos fazer é reagir a ela.

Sempre achei que a atração, assim como o amor, é uma questão de almas que se encontram e se chocam. Almas não são femininas ou masculinas; simplesmente se encontram, e quando há uma ligação, quando aparece algo que te agarra e te vira de ponta-cabeça, é aí que surge a magia, junto com a atração e o amor.

O amor não tem sexo. Fiquei profundamente apaixonado por um homem, assim como fiquei profundamente apaixonado por uma mulher. Já senti aquela ligação visceral, aquele desejo de sempre estar com uma pessoa, saber tudo que há para saber sobre ela, aquela necessidade crítica. Então quer dizer que, por ser homossexual, não posso sentir algo forte em relação a uma mulher? Não. Acredito sinceramente que as almas não têm sexo, e, assim como senti que meu mundo virou de cabeça para baixo quando me apaixonei por um homem, também senti uma ligação muito especial e uma compatibilidade com as mulheres. Mas meu instinto físico, meu instinto animal e os meus desejos interiores acabaram me colocando no caminho de homens. Afinal de contas, sigo o meu instinto e minha natureza, ponto.

Lembro-me de um dia, muitos anos atrás, depois de sair de um relacionamento com um homem, ter dito ao meu assistente: "Ninguém nunca vai me julgar por quem eu levo para a cama".

Meu assistente, que ficou um pouco surpreso, por não ter ideia do que eu estava falando, disse: "É isso aí, Kiki. É isso aí. Continue fazendo o que você faz".

Apesar de minhas inclinações sexuais não serem as mesmas da maioria das pessoas no mundo, não acho que isso deva me definir mais do que a minha preferência por sorvete sabor manga, ou pelo fato de eu ter cabelo castanho. Da mesma forma que nunca se deve julgar as pessoas pela cor da pele, orientação religiosa ou origem étnica, ninguém nunca deve ser julgado por aquilo que faz na cama ou pelo que fazem com ele. Cedo ou tarde, todos nos sentimos julgados ou discriminados por causa de quem somos, e por essa razão todos temos a responsabilidade fundamental de lutar contra esses preconceitos e para sermos respeitados pelo que somos.

No final de 2009, li a respeito de vários crimes de ódio que ocorreram em Porto Rico e em outras partes do mundo; isso despertou em mim uma raiva, que não consigo nem expressar. Os casos eram tão perversos e chocantes que só posso sentir repulsa, indignação e um profundo desejo de mover montanhas para que coisas como essas deixem de ocorrer. A raiva que eu sentia me inspirou a escrever uma carta, que publiquei no meu *site* e depois anunciei no Twitter:

> Como ativista pelos direitos humanos durante muitos anos, pude testemunhar inúmeros milagres. Vi a incrível capacidade que os seres humanos têm de curar; vi governos e cidadãos tentando mudar políticas públicas e participando de

embates apaixonados, que causaram um impacto positivo em nossa sociedade. Vi meninos e meninas de diferentes partes do mundo libertando-se da escravidão do tráfico de pessoas (a escravidão da nova era) e pessoas surpreendentes renunciarem a uma "vida de luxo" para ajudar aqueles que mais precisam. Testemunhar milagres de todos os tipos reforçou a fé na humanidade que meus pais incutiram em mim, que é a mesma fé que tento passar para meus filhos todos os dias. Ao vê-los descobrindo o mundo, acredito que a bondade seja uma das maiores virtudes que posso ensinar-lhes.

Por outro lado, também vi coisas detestáveis, que me impediram de manter a ingenuidade que eu tinha quando criança e que sempre tentei manter. Viajar pelo mundo desde pequeno, testemunhando crimes inimagináveis contra a humanidade, roubou parte da minha inocência de menino. Houve muitos momentos em que me esqueci da criança que habita dentro de mim. Sabe aquela criança que todos temos dentro de nós e que constantemente nos faz recordar da beleza do "simples"? Mas esse momento de desligamento foi muitos anos atrás, e graças ao trabalho que faço com minha fundação, que faz parte de minha vida diária, sou feliz em afirmar que voltei a me conectar com a criança interior e continuo a aprender com ela. Uma das coisas mais importantes que aprendi é *gritar* para o mundo quando deparo com injustiças, e é por isso que estou escrevendo hoje.

Tento levar a vida com uma perspectiva positiva. Faço o que posso para manter uma atitude otimista e de gratidão. Podem me chamar de romântico, idealista ou talvez alguém que não seja realista. Talvez seja um mecanismo de defesa, ou talvez eu seja apenas alguém que queira mudar a cadeia de pensamentos negativos que nos foram fornecidos de muitas formas, que podem acabar envenenando a alma. Somos todos humanos e, às vezes, é mais fácil ignorar a dor e seguir a vida. "Isso não tem nada a ver conosco", podemos dizer. "Por que nos preocupar?" Mas hoje sinto que isso é impossível. Tem a ver conosco. Eu me importo.

Na últimas semanas, li muitas notícias que me deixaram arrepiado, e infelizmente os artigos diziam respeito a coisas que estão acontecendo diariamente em todo o mundo. É quase impossível acreditar que, no ano de 2009, estejamos sofrendo com essas situações odiosas.

Como defensor dos direitos humanos, meu objetivo é encontrar soluções para as injustiças que existem no mundo de hoje. Falo sobre todo tipo de discriminação, seja por raça, sexo, nacionalidade, religião, etnia, deficiência física, orientação sexual ou afiliação política.

ASSIM, TENHO DE GRITAR: O QUE ESTÁ ACONTECENDO COM O MUNDO DE HOJE?

Tenho certeza de que cada um tem uma resposta. Mas, no final, parece que a resposta coletiva geralmente se resume a uma coisa: "QUEREMOS PAZ".

Ora, se acreditamos na paz, simplesmente não sobra espaço para a complacência. Os assassinatos de James Byrd, Matthew Shepard, Steven Jorge Lopez, Marcelo Lucero, Luis Ramirez e inúmeros outros que foram vítimas de violentos "crimes de ódio" devem ser inaceitáveis para qualquer ser humano; pois todos somos seres humanos. Cabe a nós mudar o paradigma. Ouço a palavra "tolerância" lançada pela mídia em casos como os que mencionei acima. Um dos significados de tolerância é "a capacidade de suportar dor ou sofrimento". Outro é "o ato de permitir alguma coisa". Para mim, essas definições não parecem incluir aceitação. Então, em vez de dizer "precisamos tolerar a diversidade", por que não dizer "precisamos aceitar a diversidade".

Aceitar a diversidade é o primeiro e mais importante passo que podemos dar no sentido de abolir os crimes de ódio e unir a humanidade.

Se nós ACEITARMOS, a humanidade se une. Se a humanidade se une, os direitos humanos iguais se tornarão uma realidade. E se os direitos humanos iguais se tornarem uma realidade, a paz estará bem próxima.

Naquele momento, talvez não tenha me dado conta de que escrever a carta servia como um treinamento para a carta que ainda teria de escrever. Por um lado, naquela carta eu expressava muitos dos pensamentos e reflexões que por anos vagaram em minha cabeça. A raiva que sinto quando leio sobre crimes de ódio e falta de tolerância também era uma manifestação da raiva que eu sentia em relação à minha própria história: de certo modo, minha dificuldade em me aceitar também vem do meu medo de ser vítima de tais crimes de ódio e de como algumas pessoas são intolerantes e simplesmente incapazes de aceitar qualquer coisa diferente delas. Sou abençoado por ter minha família e viver em um mundo profissional tão tolerante. Ainda que a fama traga muitas exigências e pressões que nem todos gostariam de enfrentar, em meio a tudo isso tenho a liberdade de levar minha vida do jeito que quero, porque, em certa medida, a fama também me protege e me dá espaço para me expressar do jeito que sou. Infelizmente, não é assim para todos; e, embora o mundo tenha mudado em muitos aspectos, para mim é terrível que crimes de ódio desse calibre continuem a existir – em lugares como o Malawi, por exemplo, há homens que vão para a prisão pelo simples fato de se apaixonarem por outro homem, por serem homossexuais ou por realizar uma cerimônia para celebrar sua união.

No entanto, bem dentro de mim, finalmente começava a ocorrer uma mudança. Em vez de tremer diante de crimes desse tipo – e acabando por ficar mais retraído e sem coragem para falar –, senti a necessidade de expressar minha indignação. Talvez tenha vindo, em parte, da minha experiência na luta contra o tráfico de pessoas, contra o abuso e a exploração, mas o fato é que decidi agir por meio de minhas palavras.

A carta não foi matéria em muitos noticiários; estou certo de que havia outras notícias mais importantes naquele dia. Mas para mim, pessoalmente, uma porta fora aberta: a avalanche de apoio que recebi pelo Twitter foi uma grande surpresa e uma bênção. Para alguém como eu, acostumado a estar no palco e recebendo uma resposta imediata do público, o Twitter é a ferramenta dos sonhos. Posso escrever o que quiser, e imediatamente recebo respostas e histórias de pessoas reagindo ao que eu disse, dando sua opinião ou dando apoio ao que digo. Estava tão confortável e sentindo-me tão forte, que compreendi que aquele seria o meu caminho e que o Twitter seria a ferramenta.

A CARTA

Então comecei a escrever. Escrevia sem parar, e sentia-me calmo. Às vezes vinha uma euforia, e em outros momentos eu chorava. O processo de escrever foi um turbilhão de emoções, porque, embora soubesse que estava fazendo algo necessário e vital para que eu pudesse seguir com minha vida, não era nada fácil encontrar uma forma de colocar minha vida em palavras.

Pouco dias antes de colocar minha carta no *site* (e então criar um *link* para ela no Twitter), contei aos mais próximos o que eu pretendia fazer. Todos ficaram muito nervosos e instantaneamente tentaram me demover da ideia com todos os tipos de argumentos: que não era a hora certa, que as pessoas não entenderiam, que esperávamos que o livro fosse lançado e que não seria uma boa fazer isso perto da Páscoa. Todos tinham um motivo, e apesar de saber que esses motivos tinham como fundo o amor e a preocupação por mim, buscando evitar que eu sofresse, sei que todos têm seus próprios motivos e medos, dos quais espero que se libertem. Mas, nesse caso, era eu quem estava pronto para tirar aquilo do peito, porque meu caminho espiritual tinha completado o seu ciclo.

Sei que, se eu perder o equilíbrio, muitas outras pessoas – colegas, amigos e familiares – também perderão o equilíbrio, e isso causa muito medo. Mas, dessa vez, sabia que tinha de fazer o que precisava fazer e não podia mais pensar nos outros. Assim, ignorei todas as recomendações; mas o pior foi quando vieram com o argumento de que eu não deveria fazer aquilo durante a Páscoa porque talvez ofendesse meus fãs cristãos. Respondi: "Vocês não entenderam que eu disse que 'não aguento mais'? E quanto a mim? No meu mundo, meu espaço, minha 'realidade', isso não é um pecado ou algo de que tenha de me envergonhar. Muito pelo contrário: preciso celebrar a minha verdade!".

Martin Luther King Jr. certa vez disse uma frase bonita, que agora guardo bem próxima de meu coração: "Nossas vidas começam a acabar no dia em que ficamos em silêncio sobre coisas que nos importam". Em 29 de março, decidi colocar um fim no inferno que havia se tornado a minha mente e celebrar, com justiça, o meu renascimento. Trata-se de morte e uma nova vida; ciclos são fechados e novos são abertos. A única coisa que importava era que eu estava pronto para começar um novo capítulo em minha vida, e queria iniciá-lo o mais rápido possível.

E então a carta foi publicada. É um texto do qual me orgulho muito; toda vez que a leio, fico emocionado lembrando-me de tudo que enfrentei a fim de chegar a um ponto em que pudesse compartilhar isso com o mundo.

> *Alguns meses atrás, decidi escrever minhas memórias, um projeto que eu sabia me deixaria mais próximo de uma incrível revolução em minha vida. Assim que escrevi a primeira frase, tinha certeza de que o livro seria a ferramenta que me ajudaria a me libertar das coisas que carregava comigo havia muito tempo. Coisas muito pesadas para manter dentro de mim. Ao escrever esse balanço de minha vida, cheguei muito perto da verdade. E isso é algo que deve ser celebrado.*
>
> *Por muitos anos, havia um único lugar em que eu me sentia próximo de minhas emoções: o palco. Subir no palco enchia minha alma de muitas formas, quase totalmente. É meu vício. A música, as luzes e o rugido do público são elementos que permitem que eu me sinta capaz de qualquer coisa. Esse fluxo de adrenalina é incrivelmente viciante. Não quero nunca parar de sentir essas emoções. Mas é a serenidade que*

me trouxe para onde estou agora. Um incrível lugar emocional de compreensão, reflexão e iluminação. Neste momento, sinto a mesma liberdade que em geral sinto no palco, algo que, sem dúvida, preciso compartilhar.

Muitas pessoas diziam-me: "Ricky, não é importante", "não vale a pena", "você trabalhou tanto tempo, e tudo que construiu irá ruir", "muita gente não está pronta para aceitar sua verdade, sua realidade, sua natureza". Como todos esses conselhos vinham de pessoas que eu amava demais, decidi seguir com a minha vida sem compartilhar com o mundo minha verdade completa. Permitir-me ser seduzido por medo e insegurança tornou-se uma profecia realizada de sabotagem. Hoje assumo toda a responsabilidade por minhas decisões e ações.

Se alguém me perguntasse hoje: "Ricky, do que você tem medo?", eu responderia: "Do sangue que escorre pelas ruas de países em guerra... da escravidão infantil, do terrorismo... do cinismo de algumas pessoas em posição de poder, da interpretação enganada da fé". Mas medo de minha verdade? De jeito nenhum! Pelo contrário, ela me enche de força e coragem. É exatamente disso que preciso, ainda mais agora, pai de dois meninos lindos, tão cheios de luz e com uma visão de mundo que me ensina novas coisas todos os dias. Continuar vivendo da forma que vivi até hoje seria, indiretamente, diminuir o brilho que meus filhos têm desde que nasceram. Já basta. Isso precisa mudar. Isso não poderia acontecer cinco ou dez anos atrás, mas agora era a hora certa. Hoje é meu dia, essa é minha hora e esse é o meu momento.

Esses anos de silêncio e reflexão me deixaram mais forte e me fizeram recordar que a aceitação precisa vir de dentro e que esse tipo de verdade me dá o poder de conquistar emoções que eu nem sabia que existiam.

O que vai acontecer a partir de agora? Não importa. Posso apenas focalizar o que está acontecendo comigo neste exato momento. A palavra "felicidade" assume um novo significado para mim a partir de hoje. Foi um processo muito intenso. Cada palavra que escrevo nesta carta vem imbuída de amor, aceitação, desapego e satisfação real. Escrever este texto é um passo sólido em direção a minha paz interior e uma parte vital de minha evolução.

Tenho orgulho de dizer que sou um homossexual feliz. Tive a bênção de ser quem sou. RM

Assim que cliquei em ENVIAR, fechei o computador e fui para o meu quarto tirar um cochilo – pelo menos, imaginava fazer isso. Fechei os olhos por cerca de meia hora, talvez quarenta minutos, mas a curiosidade matou o gato. Como não queria voltar imediatamente para o computador, telefonei para uma amiga, que já sabia o que eu ia fazer, e pedi-lhe que fosse à minha conta do Twitter e me contasse o que as pessoas estava falando. Ela me disse: "Kiki... muito amor. Foram duzentos, trezentos, quatrocentos comentários – nenhum deles negativo". Logicamente, havia uma ou duas pessoas que simplesmente não conseguiam entender, mas, de modo geral, o amor que recebi foi imediato e impressionante. Apesar de acreditar que nada de ruim fosse acontecer, a avalanche de amor que recebi naquele dia foi uma surpresa incrível. Na semana seguinte, a venda de meu álbum cresceu. Não apenas não estava sendo rejeitado por ninguém; para todos os efeitos, parecia que me amavam ainda mais agora! Todo aquele medo que eu tinha, o medo que muitas pessoas sentem ao se revelar, era coisa da minha cabeça. Sei que pode não ser assim com todo mundo que decide sair do armário – sei que algumas pessoas encontram a dor e o sofrimento da rejeição –, mas tenho de dizer que a minha experiência foi apenas positiva e fortalecedora.

Minha família e o meu círculo de amigos mais próximos, que já conheciam a minha verdade havia muitos anos, ofereceram seu apoio incondicional. Meu pai ficou muito feliz quando lhe contei o que ia fazer, já que desejava isso há anos, porque queria que eu me libertasse para poder viver em paz e abertamente, mas sabia que era necessário aguardar o meu momento, e assim me apoiou ao longo de todo o processo, até que eu estivesse pronto. Minha mãe também ficou muito feliz, mas a forma como contei a ela foi um pouco estranha.

Naquele dia, minha mãe voava de Porto Rico para Miami. Sempre senti que não seria legal eu enviar a carta enquanto ela estivesse em Porto Rico porque, como todas as mães, ela se preocuparia com o filho. E também não queria que ela estivesse lá, sozinha, recebendo telefonemas das pessoas conhecidas. Para o anúncio e para que não se preocupasse, queria que estivesse lá comigo, e assim pudesse ver que seu filho e os netos estavam muito bem. Portanto, aguardei até que tivesse embarcado no avião, onde não teria acesso ao celular ou à internet. Quando chegou em Miami, um de meus representantes a buscou, e a primeira coisa que fez foi tirar o celular dela, para que não pudesse receber telefonemas. Ela foi deixada em minha casa, e lá a abracei e a fiz sentar-se diante do computador para ler a carta que eu acabara de enviar. Assim que terminou de ler, ela se levantou, me deu um abraço forte e começou a chorar como um bebê.

UM PRESENTE QUE A VIDA ME DÁ

Foi uma experiência incrível. Hoje me sinto forte, alegre e livre. Fico feliz quando penso que muitos dos meus medos – para não dizer todos – eram imaginados ou imaginários. Não preciso dizer que há gente que faz comentários negativos e que não entende o significado de tudo, mas as considero pessoas que ainda precisam crescer e evoluir – e não sou ninguém para julgá-las. Assim como levou algum tempo para eu aceitar minha realidade e a mim mesmo, elas também ainda têm de passar por seu processo de aceitação e compreensão.

Certa vez, uma pessoa me perguntou: "Quando você decidiu se tornar homossexual?". Respondi: "Nunca decidi me tornar nada. Simplesmente sou quem sou", e completei: "Quando você decidiu se tornar heterossexual?". Não é necessário dizer que não houve resposta...

Não pretendo mudar a cabeça de ninguém. Estou apenas compartilhando minha própria experiência. Pode haver pessoas que vão parar de gostar de mim por acreditarem que, antes, eu não era totalmente sincero. Talvez outras comecem a ouvir e curtir a minha música, agora que sabem quem eu sou de verdade. Mas acredito que, gostem ou não de mim, devem fazê-lo cientes de minha verdade. Se me odiarem, que seja por quem eu sou, não por quem acham que sou. E se me amarem, que me amem por quem eu sou, não por quem acham que sou.

Hoje, entendo que não posso esperar que todo mundo me ame, e, apesar de parecer algo ingênuo, levou um bom tempo para eu absorver e entender isso. É bem provável que tenha sido essa necessidade enorme de ser aceito que me fez ser quem sou, pois estava sempre disposto a fazer o que me pediam, a fim de agradar os outros. A rejeição me era algo muito doloroso. Foi por isso que mantive minha realidade em segredo. Não queria sentir a desaprovação de outros, principalmente porque, em algumas ocasiões em que revelei minha verdade para pessoas bem próximas de mim, enfrentei reações muito inesperadas.

O fato é que tendemos a perceber no outro o caminho que queremos que ele siga. E quando essa imagem é destruída, ficamos irritados. Talvez não queiramos ver a verdade, ou talvez não pudéssemos vê-la antes porque estava escondida. Todo mundo vive de acordo com um determinado conjunto de regras aprendido quando muito jovem, muitas das quais nos condicionam a ver o mundo como gostaríamos que fosse, e não como ele realmente é.

É por isso que quero ter certeza de que meus filhos cresçam sem as pressões e preconceitos que enfrentei. Quero que eles vivam uma vida sem limitações de cor, raça, etnia ou orientação sexual, e sintam total liberdade para ser quem são.

E se amanhã gostarem de homens ou mulheres, ou ambos, não serei eu quem irá impedi-los ou condicioná-los a fazer isso ou aquilo. E, embora eu saiba que eles vão encontrar na vida pessoas que não tenham a mesma visão aberta e tolerante do mundo que eles, pelo menos posso ter certeza de que possuirão paz em seus corações, por poderem ser quem são. Não preciso dizer que certamente haverá um dia em que vão sofrer, mas espero que isso nunca aconteça por não poderem ser eles mesmos.

A verdade é que não desejo a dor que suportei a ninguém, e é por isso que considero tão importante a luta contra o preconceito. Sabem quantos jovens se suicidam todos os dias porque não conseguem enfrentar sua sexualidade? Sabem quantas pessoas envelhecem sem nunca aceitar sua sexualidade? Elas levam uma vida miserável, nunca se permitindo ser quem realmente são. Muitos nem se permitem descobrir a sua verdadeira natureza, e para mim isso é uma tragédia.

Adoraria saber o que faz uma pessoa conseguir sair do armário aos dezoito anos de idade, e outras apenas aos trinta. No meu caso, eu queria que isso tivesse acontecido antes. Mas, a fim de encontrar a paz em meu passado, naquela eternidade que pode deixar qualquer um louco pelo suposto "tempo perdido", decidi aceitar o simples fato de não ser ainda o meu momento. Levei muito tempo para acreditar de verdade que o que as pessoas pensam de mim não me importa, não tem nada a ver comigo. E todos os dias trabalho para incorporar esse pensamento, de forma que ele se torne um modo de vida. Pensar e acreditar que o que as pessoas dizem sobre mim não tem nada a ver comigo libertou-me em muitos níveis. Eu estaria mentindo se dissesse que a opinião dos outros não tem nenhuma importância na minha vida – claro que tem –, mas não posso permitir que defina a maneira como me vejo, fazendo-me sentir menor ou maior do que aquilo que sou. O que você pensa de mim não é a minha realidade, mas, sim, a sua. O que você pensa de mim, simplesmente não é problema meu. Encontrei minha verdade quando aceitei e abracei quem eu genuinamente sou. Tive de lutar contra o medo e a necessidade de me esconder, a fim de encontrar a aceitação e ser capaz de me amar de novo. Tive de lutar contra a negação, contra o ódio de mim mesmo e com os acertos com Deus... Mas tudo muda, eu tenho fé.

E, fosse pelas barreiras culturais, ou pela forma como minha vida se desenrolou, ou inúmeros outros fatores que entram na equação, eu não estava pronto até completar 38 anos de idade. Talvez trabalhasse demais e não tivesse tempo para parar e pensar sobre o que de fato acontecia comigo. Ou talvez tenha procurado esconder isso de mim, durante todo esse tempo, simplesmente por não possuir as ferramentas espirituais para lidar com as consequências de enfrentar minha própria verdade. Talvez até fosse preciso ter iniciado a luta contra o tráfico de pessoas para compreender a injustiça que era roubar uma parte da vida de alguém. Ou talvez tivesse de passar pela experiência de ser pai, ter meus dois lindos anjinhos, para ser capaz de dar um passo atrás e entender que minhas decisões não mais afetavam apenas a mim.

Qualquer que fosse o motivo – ou talvez todos eles –, só posso agradecer pelo caminho que me trouxe até este momento, e sou profundamente grato por ser quem sou. Minhas crenças me deram força suficiente para me sentir bastante seguro ao falar sobre isso, que é uma coisa preciosa e bonita. É graças à vida que levo que eu sou quem sou, que tenho esses filhos e que tenho um relacionamento tão bom com meus pais. Se tivesse escrito uma carta em que confessasse ser um criminoso, que abuso de mulheres ou de outros seres humanos, seria completamente impensável eu me sentir feliz ou livre. Mas minha postura é baseada puramente em amor – em amor, respeito e toda a gratidão que sinto pela vida maravilhosa que tive. Meu sentimento é tão cheio de amor, de luz, de uma frequência mágica e forte, que sentia a necessidade de compartilhá-lo. Queria contar ao mundo quanto estou orgulhoso do caminho que segui, que me permitiu chegar aonde estou hoje. Meu desejo sincero é que todos possam viver, em algum momento de sua própria linha de tempo, o que estou vivendo agora. É um despertar incrível, e desejo isso para todos. Mas, logicamente, não estou dizendo que todos devem ser gays, mas acredito que todos escondemos segredos desnecessários, coisas que negamos a nós mesmos porque achamos que são erradas. Libertar-me de meus próprios segredos e ansiedades me trouxe algo que antes eu não sabia que existia: emoções tão fortes e poderosas, tão transparentes e surpreendentes, que espero que todos, um dia, sejam capazes de sentir o que estou sentindo.

Ao tomar decisões que representem mudanças significativas na vida, acaba-se enfrentando muitos processos de desestabilização, e frequentemente optamos por ficar onde nos sentimos mais confortáveis. E é assim que a vida funciona. Mas, se nos atrevemos a encarar a opção mais difícil, acabamos descobrindo que o que existe do outro lado é um mundo de liberdade, paz e tranquilidade infinita.

Uma das coisas mais incríveis que experimentei foi o carinho que recebi de todos ao meu redor. Recebi inúmeras mensagens me parabenizando e apoiando o meu gesto, e isso, para mim, é uma bênção. Se, a partir de agora, o tema do homossexualismo for discutido numa mesa de jantar de uma perspectiva diferente, só isso já vai me deixar feliz. Minha intenção ao me abrir não foi, necessariamente, inspirar outras pessoas, mas se, além de me trazer toda essa felicidade, minha experiência servir para outros, isso vai me encher de alegria. É também uma bênção saber que, com a minha vida, posso beneficiar outras pessoas, e isso é uma grande honra. Tenho orgulho de ser quem sou.

NOVE

DAQUI EM DIANTE

A publicação deste livro é outro desses momentos que vão me ajudar a crescer e me sentir mais forte. O ato de escrever foi árduo e fascinante, e há tantas coisas que, se não as tivesse colocado no papel, nunca teria lembrado. Fiz ligações entre eventos que, à primeira vista, pareciam não ter relação alguma, e acabei descobrindo que, na verdade, estavam intimamente relacionados. Recordei, senti e analisei muita coisa. Descobri minha própria história e me apaixonei por ela. E talvez o mais importante é que a experiência de escrever este livro me deu a força e a convicção de que precisava para trazer à luz a minha verdade. Foi uma exploração e uma aceitação intensas, em que me descobri como sou realmente.

Depois de tudo o que aconteceu – as coisas boas, ruins, extraordinárias e desastrosas –, finalmente encontrei uma vida repleta de luz e de amor: tenho dois filhos preciosos, uma família carinhosa, amigos solidários e uma carreira extraordinária. E o melhor de tudo: atingi um nível de paz e felicidade que eu nem sabia que existia. Sinto-me infinitamente grato ao universo, pela vida milagrosa que tive a grande sorte de levar.

DECLARAÇÃO

SOU DAQUELES QUE acreditam que a felicidade vem para quem tem pensamentos felizes. Na minha mente e em meu coração, carrego muitas lembranças incríveis, as quais, estou convencido, enchem minha vida de luz e de muitas outras coisas boas.

Certa vez, um músico muito sábio me falou:

"Instrumentos de percussão são a manifestação da energia e das almas de nossos ancestrais. Antes, quando havia escravidão, a única forma que os escravos tinham de se expressar era por meio de percussão. Assim, é como se todos esses espíritos que faleceram pudessem renascer sempre que escutam o som de um instrumento de percussão. E, como não conseguem dançar, entram em seu corpo e se manifestam por meio do seu ser, por você."

É uma crença bonita, e sinto que a vivi intensamente quando estive no Carnaval do Rio de Janeiro alguns anos atrás. Tive a oportunidade de participar de um desfile no Sambódromo, em uma escola de samba, e durante um dos ensaios fiquei rodeado por quinhentos instrumentos de percussão, todos sendo tocados ao mesmo tempo. Se apenas com um instrumento sente-se a força do ritmo, da música e da vida, sendo impossível resistir à necessidade de dançar – imagine o que acontece com quinhentos deles! Foi uma das coisas mais eletrizantes que já senti na vida. Por um instante, fica-se separado de seu corpo, permitindo-se ser carregado por sons pulsantes, e naquele momento deixa-se de ser físico, entrando-se no reino dos espíritos.

Portanto, se instrumentos de percussão são realmente a manifestação de meus ancestrais, posso ter a certeza de que meus ancestrais estão comigo, pois nunca fico muito longe de um tambor!

Amo essa história. Na música afro-antilhana de Porto Rico – seja no candomblé, no samba, na salsa, na música dos índios norte-americanos ou no guaguancó –, a percussão está sempre presente. A maioria das cerimônias religiosas tem tambores. E isso ocorre porque a música tem o poder de libertar a mente e o espírito; tem o poder de permitir que se sinta a vida em sua forma mais básica e natural de expressão. A música é uma força libertadora. A música é mágica. Como minha vida foi sempre cheia de música, sei que sempre terei uma existência única e feliz.

E isso é algo pelo que sou extremamente grato.

Escrevi este livro enquanto estava no estúdio, gravando meu sexto álbum em espanhol. Tive o privilégio de trabalhar novamente com Desmond Child, e mais uma vez foi um prazer sentir sua ideia de estrutura, sua calma e a firmeza com que me guia ao longo do processo de criação.

A gravação de um álbum, assim como escrever um livro, é uma experiência muito íntima. É preciso sentar e pensar, sentir e permitir que o silêncio produza ideias que finalmente se transformarão em sons e palavras. Às vezes, começo cantarolando algumas notas soltas, que se tornam uma melodia, e então começam a surgir umas palavras. Aí me agarro a essas palavras. Brinco com elas. Viro-as para lá e para cá e começo a encaixá-las como num quebra-cabeça. Lentamente, passam a aparecer frases inteiras, junto com versos e histórias, até que se tornem, por fim, algo coerente, estruturado, algo que transmita uma ideia ou um sentimento que ainda não tinha conseguido colocar em palavras. Quando começo a escrever uma música, nem sempre sei onde vai acabar, e na maioria das vezes sou levado para algum lugar inesperado. Um caminho de descobertas.

O mesmo vale para este livro.

Assim como a maioria dos meus álbuns, o último foi autobiográfico e aborda diversos aspectos diferentes de minha vida. A vida que levo, mas também a vida que quero. É um disco muito honesto e transparente, que sem dúvida nasceu da renovada sensação de força que sinto pulsando dentro de mim. Tenho tanto a dizer, e tanta coisa para compartilhar, que aguardo ansiosamente o dia em que o enviaremos para o mundo para ver como se ele se conecta com o público, com todas essas almas que escutam a minha música. Quero entrar numa turnê, subir ao palco e sentir a energia do público. Quando estou no palco, o público me satisfaz de modo tão visceral, acendendo-me de um modo muito poderoso. Fico feliz ao ver como surge todo esse processo, mas lá no fundo sei que todos os dias, meses e anos que tenho por viver, sem dúvida alguma, serão extraordinários; mal posso esperar esse momento.

Se há uma lição que aprendi recentemente, é a importância de dizer ao mundo o que se quer. Se quero algo em minha vida, se quero algo em minha carreira, ou para meus filhos ou nos meus relacionamentos, preciso contar ao mundo o que é para que se torne uma realidade. Se não sei exatamente o que é, se eu não o absorvo e o incorporo em minha vida como uma realidade viável e não apenas como uma teoria, há uma chance muito grande de não acontecer. Preciso me jogar para o mundo, buscando o que quero, sonhando com isso, e não ficar sentado sem fazer nada, esperando que surja diante de mim como se fosse um milagre.

Isso é principalmente verdade em relação ao amor. É preciso buscar o amor. É necessário acreditar nele. Deve-se solicitar ao mundo exatamente o que se quer ter em sua vida. Mas, acima de tudo, é preciso ser paciente.

Há pessoas em minha vida que me marcaram muito intensamente. Todo relacionamento que tive trouxe coisas que o tornaram único e especial. Enquanto um relacionamento tinha tudo a ver com nossas conversas, com tudo o que aprendíamos e com o alto nível de compreensão e compatibilidade sobre nossos pontos de vista, outro relacionamento podia ter como base a ligação física, o tipo de coisa que mexe com a gente de uma forma totalmente visceral. Outros relacionamentos se apoiavam mais em ternura, na delícia que é sentir-se amado, cuidado e protegido... Mas, de qualquer forma, não importando quão difíceis ou torturantes foram alguns de meus relacionamentos no passado, acredito piamente que existe o amor verdadeiro. Não sei se já encontrei meu amor de verdade ou se ambos ainda estamos nos preparando para o momento em que nos conheceremos. É possível que já nos conheçamos, é possível que já tenhamos estado juntos, ou talvez ainda precisemos dar alguns passos antes de nos juntarmos. Mas tudo o que posso dizer com certeza é que sei – e sei porque, em minha vida, busco no mundo o que quero – que existe uma pessoa perfeita para mim neste universo, ainda que leve anos, meses ou dias para descobri-la, ou para perceber que ela já está aqui.

Tenho uma imagem muito clara em minha mente do que é amor perfeito. Muitas pessoas dizem: "Mas não existe amor perfeito...". Não me importa o que dizem; sou um romântico! E acredito, sim, em amor perfeito. Acredito que o amor nunca machuca. Acredito que amor seja entrega, paz, calma, confiança; seja divertido e brincalhão. Em outras palavras, para mim, amor é liberdade... e é isso que o mundo tem a me oferecer. E, a cada passo que dou em direção ao meu crescimento pessoal e no meu caminho espiritual, chego mais perto disso. Um passo por vez.

Independentemente do que possa acontecer em minha vida amorosa, já possuo o amor mais bonito de todos – o amor de ser pai. Matteo e Valentino trouxeram para minha vida uma dimensão muito poderosa de luz, transparência e beleza inimaginável. Sem saber, meus dois meninos me ensinaram a ir muito além dos meus limites, e por isso serei sempre grato. Muitas vezes ouvimos sobre a gratidão que crianças sentem em relação aos pais, e, apesar de ser algo verdadeiro e muito importante, acho que há muito a ser dito sobre a gratidão que nós, pais, devemos sentir pelos nossos filhos, porque, em momentos de confusão, angústia e até mesmo alegria, são eles que nos mostram o caminho, através do amor que sentimos por eles.

Tudo que faço em minha vida é motivado por eles. Também faço por mim, é lógico, mas, desde que eles entraram em minha vida, vejo tudo sob uma luz nova. O amor que sinto por eles é tão puro, tão instintivo e tão real que, em comparação, tudo o mais fica sem cor. Minha música e minha luta contra o tráfico de pessoas, a importância de manter meu norte espiritual, a importância de ser honesto com o mundo...

absolutamente tudo tem a ver com eles, com propiciar tudo que puder dar a eles e com deixá-los orgulhosos de mim. O que antes parecia uma opção ou alternativa hoje é uma necessidade. Eles são minha inspiração, e é por eles que me esforço para melhorar, pelo menos no que me é cabível, porque não quero que herdem os problemas que a minha geração teve de enfrentar. Quero que tenham a melhor vida possível, uma existência que seja ainda mais gloriosa e extraordinária do que a minha.

MELHOR DO QUE NUNCA

NA VIDA, TUDO que é bom, tudo que realmente vale a pena, exige sacrifício. Não importa se é grande ou pequeno – a verdade é que devemos enfrentar inúmeros desafios e momentos bem desconfortáveis e assustadores, que podem trazer um certo sofrimento. Mas, no final, quando chegamos ao outro lado, percebemos que somos melhores do que jamais fomos. É como o processo de dar à luz. Dizem que nada no mundo é mais doloroso do que dar à luz um bebê. Uma mulher tem de encarar uma dor desumana, durante a qual é possível que ela sinta que não aguenta mais, que não consegue mais suportar, que irá morrer. Há uma mistura de angústia, medo e pavor de que algo vai dar errado... É um momento radical. Mas, no final, ela supera a dor, ela sobrevive, e acaba surgindo o presente mais bonito que uma pessoa pode receber – o presente da vida... e, pelo que me disseram, assim que ela segura seu bebê pela primeira vez, a dor torna-se uma recordação distante, completamente irrelevante, em comparação com o amor que sente por seu filho.

Existem algumas decisões que são muito difíceis de tomar. Mas, depois que as tomamos, percebemos que ficamos mais fortes, mais felizes e mais completos. Percebemos que somos capazes de fazer muito mais do que imaginávamos. Enquanto escrevia este livro e desnudava minha alma, aprendi muita coisa. Foi difícil, às vezes assustador, mas agora vejo que era um passo necessário, fundamental para conseguir avançar.

Quando olho para trás e penso em toda a angústia que senti a respeito de minha sexualidade, e no medo que tinha de contar isso para o mundo, fico triste. Passei por tanta dor e tensão, e hoje mal consigo acreditar que tenha feito um drama de algo que agora me parece simples demais. Por muito tempo, fiquei convencido de que, se saísse do armário, aconteceria algo ruim, algo realmente terrível. Perderia meus fãs, meus amigos me rejeitaram e minha vida começaria a desmoronar. Mas todos esses pensamentos tinham como fundamento o medo, porque, quando eu me declarei, não apenas nada ruim aconteceu, como hoje estou um milhão de vezes melhor do que antes. Se, alguns anos atrás, alguém me perguntasse se eu era feliz com a minha vida, teria honestamente respondido que sim. Porém, depois de ter dado esse passo incrível, percebo o significado de ser realmente feliz. Torço para que todo mundo, em suas vidas, possa passar por um processo de renascimento, um despertar, semelhante ao meu. Não estou dizendo que todo mundo deva se declarar homossexual, mas que todos devem se esforçar para se liberar daquilo que os esteja deixando presos.

Essa é a vida que me foi destinada. Meu destino não era o de alguém que precisava acordar às seis da manhã, fazer café, dar um beijo na bochecha da esposa, entrar no carro, dirigir-se ao trabalho, e às cinco da tarde retornar para o lar, fazer o jantar, fazer amor com a esposa e ir dormir.

Minha vida sempre será um pouco diferente da das outras pessoas, e não vou brigar contra isso. Pelo contrário, vou aceitar. Eu aceito isso. Aceito porque sei que é por isso que sou quem sou hoje, e só por minha vida não ser parecida com a de muitos outros não significa que eu não possa ser feliz. A *Oração da serenidade* diz isso lindamente. São palavras que sempre carrego em meu coração:

> *Concedei-me, Senhor, a serenidade necessária para aceitar as coisas que não posso modificar; coragem para modificar aquelas que posso; e sabedoria para distinguir umas das outras.*

É verdade: tenho de saber o que posso modificar e o que não me é possível. Minha vida é bonita do jeito que é – por que mudá-la? É assim que deve ser. Eu a aceito e adoro. Sinto orgulho dela.

Acredito que todo mundo precise aceitar a vida que tem. Isso não significa que não se deva viver intensamente, mas, no final, o mais importante de tudo é se aceitar e amar-se, ser feliz e praticar o bem. E se você for diferente aos olhos dos outros, isso também faz parte da lição da vida, porque terá de aprender a se aceitar exatamente como é sem sacrificar seus sonhos apenas para agradar a outras pessoas, ou seguir supostos códigos sociais. A beleza é algo que ninguém pode lhe tirar. Em vez de pensar: “sou diferente deles”, tente dizer: “eles são diferentes de mim”. Qualquer um que não esteja na mesma frequência evolucionária e espiritual que a sua se distanciará, enquanto aqueles que estiverem na mesma frequência evolucionária e espiritual se aproximarão; você verá como é interessante descobrir que todo mundo que precisa estar ao seu lado acabará aparecendo em sua vida da forma mais espontânea e divina possível. A mente tem esse poder!

Minha intenção com este livro não é distribuir ensinamentos de vida para outras pessoas. Eu simplesmente queria falar sobre a minha própria vida e tudo o que aprendi ao longo do caminho. Se meus ensinamentos servirem para alguém, isso me dará uma grande alegria. Mas a verdade é que fiz isso por meus filhos e por mim. Há pessoas que podem se perguntar por que decidi escrever um livro de memórias cedo, aos 38 anos de idade. Memórias em geral são escritas mais para o fim da vida, e espera-se que eu ainda tenha muitos anos pela frente... A verdade é que sinto que esse é apenas o começo. Tenho uma nova vida me esperando, e, agora que estou num cruzamento, sinto uma grande necessidade de parar e contar ao mundo o que sou. Agora percebo que ensinamentos mais profundos costumam vir de maneiras muito simples. Precisei ver, sofrer, curtir e viver o que vivi para chegar a esse ponto de compreensão. E quero compartilhar esse ensinamento com outras pessoas, porque estou convencido de que todos podem fazer o mesmo. Se estiverem dispostos.

Cada um de nós precisa seguir por seu caminho espiritual e atravessar seus próprios ensinamentos cármicos para descobrir a melhor vida que pode ter. E, para tanto, acredito que a primeira coisa a ser feita é aceitar a si mesmo e aos outros. Isso já é suficiente. Não é preciso dizer nada para ninguém, mas também não se deve viver no escuro. Espero que minha vida, e o que escrevi aqui, possam, de alguma forma, servir como um exemplo. Apesar de minha história ser um tanto única, talvez uma linha ou outra ressoem nos ouvidos daqueles que se sintam diferentes, seja devido a sua religião, seu *status* de imigração, o simples fato de ser uma minoria ou por viver em um país onde não possa se expressar livremente.

Assim, opto por gritar para todo mundo: Sejam felizes! Façam o bem! Tenham medo de mudanças, mas não permitam que o medo tome conta das coisas! E, se sentir que ninguém o ama ou o aceita, então pare e reflita sobre o que eu falei aqui, e verá que é muito mais fácil do que você pensa.

O grande poeta irlandês Oscar Wilde disse certa vez: "Um pouco de sinceridade é algo perigoso; muita sinceridade é fatal". A palavra que ele usa é literalmente "fatal". E que palavra! Fico muito triste ao pensar que essa tenha sido a experiência dele com a sinceridade. Imagino que ele disse isso por ter medo de ser honesto a respeito de sua sexualidade, principalmente devido à era vitoriana em que teve de viver. Mas hoje, no século XXI, tudo o que quero é ser aberto e honesto. Não é fácil – a verdade é relativa, e leva-se algum tempo para se chegar a ela. Deve-se fazer um esforço consciente, todos os dias, para levar a vida sem medo e com total transparência. Mesmo que eu tenha passado por tudo o que passei para me sentir dessa forma hoje, espero que a vida continue a me abençoar com momentos em que sou desafiado a ir ainda mais fundo para descobrir algo novo sobre mim. Como disse Pablo Picasso, leva-se muito tempo para ser jovem. Ele estava certo. Leva-se muito tempo para se renunciar aos códigos da sociedade, a sua fé, às leis de seu lar e às leis de seu país. Leva-se muito tempo para se livrar de todos os códigos sociais que têm limitado quem você é, com base no que lhe foi doutrinado.

É possível que você fique a vida inteira tentando começar do zero novamente, sem preconceitos e sem medo. Mas, quando chegar lá e aceitar a si mesmo, é possível que passe a ver cada dia como o que ele realmente é: um paraíso divino, onde todos podem sonhar com o que quiserem e transformarem o sonho em realidade. Cada dia começa como uma lousa em branco, em que cada um de nós pode escrever um poema sobre o nosso presente e sobre nossos sonhos para o futuro.

E, assim como tenho muitas pessoas ao meu redor que sempre me inspiram e alimentam a minha alma, também sou sortudo por ter uma profissão maravilhosa e uma vida por meio da qual consigo influenciar outras pessoas. Mas sei que esse privilégio também vem com uma grande responsabilidade. Preciso ter cuidado com o que digo e faço, já que é uma posição que aceito com honra e respeito.

Com este livro, estou, de certa forma, abandonando parte da minha privacidade. Apesar de haver alguns detalhes e momentos que nunca contarei – não por envolverem algo sombrio e perverso, mas porque são recordações pessoais que prefiro guardar para mim –, ao longo dessas páginas mostrei-me exatamente como sou, sem censuras. Nunca é fácil descrever a verdade, principalmente quando se trata de uma verdade pessoal, e é por isso que sempre seguirei em minha busca, no meu caminho espiritual, pelo resto de minha vida. É essa busca constante que sempre produzirá emoções intensas. Ela me ensina a me desafiar, a me questionar e sempre seguir adiante.

Mas o mais importante, e o que mais me inspira, é que este livro pode ajudar a inspirar outras pessoas a enfrentar seus medos e a seguir em frente com suas vidas também. E esse é o maior presente de todos.

Este livro foi composto em Sabon
para a Editora Planeta do Brasil
em novembro de 2010.

EU